KB080810

✦ 개정판 출간 기념 템플릿

템플릿을 복제해서 여러분의 노션 페이지에서 자유롭게 활용해 보세요!

- 대시보드/포트폴리오: bit.ly/easys-notion-13

온라인 독자 설문 — 보내 주신 의견을 소중하게 반영하겠습니다!

오른쪽 QR코드를 스캔하여 이 책에 대한 의견을 보내 주세요. 더 좋은 책을 만들도록 노력하겠습니다. 의견을 남겨 주신 분께는 보답하는 마음으로 다음 6가지 혜택을 드립니다.

❶ 추첨을 통해 소정의 선물 증정　　❷ 이 책의 업데이트 정보 및 개정 안내

❸ 저자가 보내는 새로운 소식　　　❹ 출간될 도서의 베타테스트 참여 기회

❺ 출판사 이벤트 소식　　　　　　❻ 이지스 소식지 구독 기회

일도 생활도 성공하고 싶은 당신,
소중한 시간을 아껴주는 **노션 단축키 모음!**

작성 중인 블록 선택	[Esc]
제목 1(가장 큰 제목)	[#] 입력 후 [Spacebar]
제목 2(중간 크기 제목)	[#][#] 입력 후 [Spacebar]
제목 3(가장 작은 제목)	[#][#][#] 입력 후 [Spacebar]
인용 형식	["] 입력 후 [Spacebar]
리스트 생성	[*] 또는 [+] 또는 [-] 누른 후 [Spacebar]
번호 생성	[1]과 [.] 누른 후 [Spacebar]
토글 생성	[>] 누른 후 [Spacebar]
글자색 또는 배경색	/각 색상의 영문명
구분선	[-][-][-]

능력과 가치를
높이고 싶다면
된다!

★ 14가지 템플릿으로 일과 삶 기록하기 ★

하루 5분 노션 N 활용법

포트폴리오 제작부터 노션 AI로 글쓰기까지!

된다!

웹 페이지 제작

프로젝트 관리

블로그
아이디어 기획

취업 준비

노션 AI
활용법
수록!

프로 기록자 이다슬 지음

이지스 퍼블리싱

능력과 가치를 높이고 싶다면
된다! 시리즈를 만나 보세요.
당신이 성장하도록 돕겠습니다.

된다! 하루 5분 노션 활용법 — 전면 개정판
Gotcha! Use Notion Everyday in 5 minuites

개정판 발행 • 2023년 8월 21일
개정판 2쇄 • 2024년 2월 5일

초판 발행 • 2022년 1월 10일
초판 3쇄 • 2022년 10월 20일

지은이 • 이다슬
펴낸이 • 이지연
펴낸곳 • 이지스퍼블리싱(주)
출판사 등록번호 • 제313-2010-123호
주소 • 서울특별시 마포구 잔다리로 109 이지스빌딩 4층(우편번호 04003)
대표전화 • 02-325-1722 | **팩스** • 02-326-1723
홈페이지 • www.easyspub.co.kr | **페이스북** • www.facebook.com/easyspub
Do it! 스터디룸 카페 • cafe.naver.com/doitstudyroom | **인스타그램** • instagram.com/easyspub_it

총괄 • 최윤미 | **기획** • 이수진 | **책임편집** • 이수진, 이수경 | **IT 1팀** • 임승빈, 이수경, 지수민
삽화 • 안유미 | **교정교열** • 안종군 | **표지 디자인** • 정우영, 트인글터 | **본문 디자인** • 트인글터 | **인쇄** • 보광문화사
마케팅 • 박정현, 한송이, 이나리 | **독자지원** • 박애림, 오경신
영업 및 교재 문의 • 이주동, 김요한(support@easyspub.co.kr)

ISBN 979-11-6303-493-3 13000
가격 16,800원

“노션의 **최신 기능**을
모두 담은 **개정판**으로
다시 만나게 되어
영광입니다”

《된다! 하루 5분 노션 활용법》초판을 출간한 지 1년 반이 흘렀습니다. 그 사이에 노션을 애용하는 분들은 더 늘어났고, 그에 회답해 노션은 더 편리하고 다양한 기능을 자주 업데이트했어요. 새로운 기능이 추가되면서 노션의 화면도 크게 바뀌었습니다. 많은 분들이 사랑해 주신 덕분에 노션의 최신 기능을 모두 반영한 개정판으로 다시 만나뵐 수 있게 됐어요.

개정판에서 달라진 점을 소개합니다.

첫째, 2023년 기준 최신 기능을 모두 반영해 화면을 업데이트했습니다.

둘째, 뜨거운 감자라고 해도 과언이 아닌 '노션 AI'의 기본 사용법부터 실제 활용 예시까지 차근차근 정리했습니다.

셋째, 책을 노션 교과서로 활용할 수 있도록 개인 대시보드, 포트폴리오, 협업 대시보드를 모두 다루면서 기존의 템플릿을 더 예쁘고 효율적으로 개선했습니다. 일 방문자 수 4,000명을 달성한 포트폴리오를 포함해 14가지 템플릿을 여러분의 노션으로 가져갈 수 있는 링크를 제공해 드립니다.

넷째, 개정판 출간 기념으로 새로운 레이아웃의 템플릿을 제작했습니다. 가장 사랑받고 있는 포트폴리오 템플릿과 누구나 쉽게 활용할 수 있는 개인 대시보드 템플릿을 추가로 만나 보세요!

노션을 만나 제 삶이 바뀌었다고 해도 과언이 아닐 정도로 새로운 경험을 하고 있습니다. 어떻게 가능했을까요?

"하루 5분,
흘러가는 시간을 기록하다 보니
포트폴리오 일 방문자 4,000명이 되더라고요"

여러분은 일상을 어디에 기록하나요? 다이어리? 노트? 핸드폰 메모장? 매년 연말이 되면 가슴이 두근두근해집니다. 다음 해의 다이어리를 고르는 시즌이기 때문이죠. 1월 1일이 되면 경건한 마음으로 새 다이어리를 펴고 첫 장에 올해의 목표를 적는 것이 저의 연례행사였습니다. 이번에야말로 꼭! 이 다이어리를 끝까지 채울 거라며 말이죠. 하지만 작심삼일이라는 말은 누가 지었는지, 제가 딱 산 증인입니다. 어느 순간 돌아보면 꾸미기에 지쳐서 며칠 동안 펴보지도 않거나, 결국 어디에 두었는지조차 잊어버릴 때가 많았어요. 생각이 떠오를 때마다 가볍게 펼쳐서 메모하고, 나중에 쉽게 돌아볼 수 있는 그런 편리한 기록 도구가 필요했던 것이죠.

바로 그때 오프라인에서 온라인으로 눈을 돌려 노션을 발견했습니다. 노션 하나로 일정 관리는 물론 팀원과 함께 프로젝트를 관리하고, 웹 사이트까지 뚝딱 만들어 낼 수 있었어요. SNS에 포트폴리오 웹 사이트가 소개되어서 하루 방문자가 4,000명을 넘기도 했습니다. 이렇게 활용 방법이 무궁무진한 노션이지만 그만큼 자유도가 높아 어떻게 시작해야 할지 모르는 분들이 많을 거라 생각합니다. 이 책은 이런 고민에서 출발했습니다. 여러분이 노션의 매력을 느낄 수 있도록 안내해 드릴게요.

 1시간이면 노션 적응 끝! 코딩 없이 웹 페이지 만들기까지

1~3장에서는 노션의 기본기부터 다집니다. 노션과 첫인사를 하는 만큼 계정을 만들어 처음 로그인하면 나오는 화면부터 하나하나 안내합니다. 블록을 이용해서 직접 메모해 보고 이미지도 넣어 볼 거예요. 노션으로 개인 웹 사이트, 포트폴리오 만들기, 어려울 것 같다고요? 전혀 아니에요! 차근차근 따라오면 기본 블록만을 사용해서 깔끔한 나만의 사이트를 만들 수 있어요. 모두 1~3장에서 소개합니다.

 일정·습관 관리, 강의 노트, 취업 일정… 흩어져 있던 나의 모든 기록을 한곳에!

4장에서는 노션을 개인 대시보드로 활용하는 방법을 안내합니다. 대시보드란 여러 구성 요소를 조합한 메인 화면을 말해요. 자주 쓰는 폴더를 컴퓨터의 바탕화면에 꺼내 놓는 것처럼 이 대시보드에 일정 관리, 독서 기록 관리, 계정 관리 등의 세부 페이지를 연결할 거예요. 어려울 것 같다고요? 걱정하지 마세요! 같이 따라 해보고, 이 결과물을 복제할 수 있도록 템플릿으로도 제공합니다. 이 대시보드가 여러분의 삶을 더욱 더 깔끔하게 정리하는 데에 도움을 줄 거예요.

비대면 협업 가능! 프로젝트 관리부터 회의록 템플릿까지!

5장에서는 노션을 업무용으로 사용하고 싶은 분이라면 주목해야 할 내용을 다룹니다. 나의 노션에 팀원을 초대해서 팀 프로젝트를 관리할 수 있어요. 특히 노션은 여러 사람이 동시에 내용을 수정할 수 있고 어느 팀원이 언제 어느 페이지에 접속했는지 기록이 남아서 협업 도구로 최고입니다. 업무 타임라인 칸반보드부터 회의 내용을 효율적으로 기록하고 관리하는 회의록 템플릿까지! 업무 그 자체에만 오롯이 집중할 수 있도록 저와 함께 만드는 템플릿으로 업무 효율을 높여요!

 ## 노션을 더 편리하게 사용할 수 있는 팁이 가득! 12가지 템플릿과 최신 API 소개

6장과 7장에서는 각각 노션의 템플릿과 API 기능을 이용해서 노션을 200% 활용할 수 있는 방법을 소개합니다. 여러분이 노션과 단짝 친구가 될 수 있도록 도와주는 편리한 서비스예요. 인터넷에서 본 예쁜 노션 템플릿을 내 노션으로 옮겨서 바로 사용할 수 있어요. 내 노션 포트폴리오를 방문한 분들이 나에게 바로 미팅을 신청할 수 있도록 위젯도 달 수 있답니다.

 ## 최신 노션 AI 기능 수록! 노션 AI를 활용해 시간과 노력을 반으로!

8장에서는 노션 AI를 나만의 개인 비서로 활용하는 방법을 소개합니다. 한국어로 작성한 문장을 다양한 언어로 번역해 주는 것은 물론이고 클릭 한 번으로 어조를 변경할 수도 있어요. 블로그 게시글 초안, 모닝 루틴 표 작성, 이벤트 개최 아이디어 구상 등 다양한 상황에서 노션 AI의 힘을 빌릴 수 있습니다.

 ## 여러분의 노션 페이지를 공유해 주세요!

이 책을 보면 여러분도 자신만의 독특한 노션 템플릿을 만들 수 있습니다. 어떤 결과물이 나올지 너무너무 궁금합니다. 아이디어는 모일수록 힘을 발하는 법! '독자를 위한 노션 갤러리'에 여러분의 다양한 노션 페이지를 모으려고 해요. 아래 '신청 링크'로 들어가 여러분의 노션 페이지를 꼭 공유해 주세요. '독자 갤러리' 링크로 들어가면 다른 독자분들이 만든 노션 페이지도 구경할 수 있답니다.

- 신청 링크 bit.ly/easys_notion_gallery
- 독자 갤러리 구경하기 daseul.me/notionlife

감사의 말

1년 동안 준비한 첫 책이 많은 사랑을 받아, 이렇게 개정판을 출간할 수 있었습니다. 영광스럽게도 이 책을 보시고 제 모교를 포함해 여러 대학교, 도서관, 부트캠프, 온라인 강의 플랫폼 등에서 협업을 의뢰해 주셨습니다. 시작할 때부터 함께해 주신 이수진 편집자님께 감사의 마음을 전합니다. 그리고 개정판 출간을 처음부터 끝까지 애정을 담아 담당해 주시며 언제나 빠르게, 섬세하고 꼼꼼하게 한 글자 한 글자 함께 봐주신 이수경 편집자님께도 깊은 감사를 드립니다. 두 편집자님 덕분에 무사히 개정판이 빛을 볼 수 있게 되었습니다. 마지막으로 해외에서도 하고 싶은 것을 다 하면서 지낼 수 있도록 믿어 주시고 힘이 되어 주시는 가족에게도 사랑을 보냅니다.

이다슬 드림

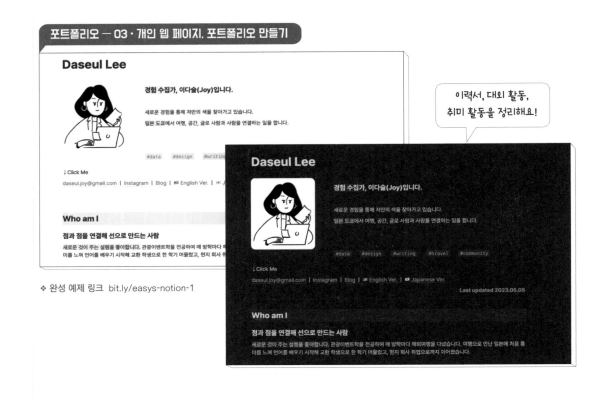

❖ 완성 예제 링크 bit.ly/easys-notion-1

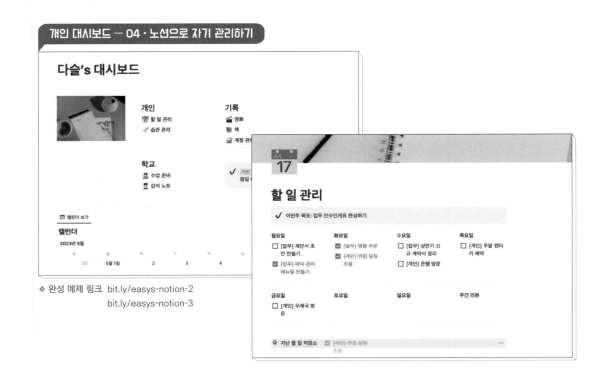

❖ 완성 예제 링크 bit.ly/easys-notion-2
              bit.ly/easys-notion-3

습관 관리

리스트

Aa 메모	∑ 날짜	☑ 아침 공복에 영양제
	5월 21일	☑
	5월 22일	☐
+ 새로 만들기		

페이지 보기당 50%

AI 기능은 '스페이스 키', 명령어는 '/' 입력

영화

갤러리 보기

영화 기록

라라랜드	화이트 칙스	위 아 더 밀러스
9월 10일	8월 31일	8월 26일
미국	미국	미국
라이언고슬링 엠마스톤	말론웨이언스	제니퍼애니스턴 엠마로버츠
⭐⭐⭐⭐⭐	⭐⭐⭐⭐⭐	⭐⭐⭐⭐⭐
로맨스 뮤지컬	코미디	코미디

강의 노트

4학년 1학기

Aa 강의명	⊙ 유형	⊙ 교수님	≡ 강의실	# 학점	☑ 이번 주 과제 유무	+ ...
컨벤션운용실무론	선택필수	A교수님	1302호	3	☑	
테마파크론	선택필수	A교수님	1302호	3	☐	
지역관광콘텐츠론	전공선택	C교수님	1301호	3	☑	
대학글쓰기	교양	B교수님	1307호	2	☑	
관광이벤트상품론	전공선택	D교수님	1308호	3	☐	
여행사경영론	전공필수	E교수님	2301호	3	☐	
+ 새로 만들기						

합계 17

학점 관리부터
가계부, 일정 관리까지!

❖ 완성 예제 링크 bit.ly/easys-notion-4 | bit.ly/easys-notion-5 | bit.ly/easys-notion-9

협업 대시보드 — 05 · 여러 명이 사용하는 협업 대시보드 만들기

업무 칸반보드로
비대면 업무도 OK!

데이터베이스	회의록	최종 정리
⬤ 자료 데이터베이스	⬤ 회의록	⬤ 프로젝트 총정리

⊞ 보드 보기 +   필터 정렬 🔍 ⤢ 새로 만들기 ⌄

프로젝트 타임라인 ···

+ 필터 추가

😀 피터 2	🙆 제니 1	🙆 메리 2	🙆 조이 1
시장조사 보고서 작성	잠재 고객 앙케이트	기존 데이터베이스 정리	잠재 고객 앙케이트
🙆 피터	🙆 제니 조이	🙆 메리	🙆 제니 조이
⬤ 진행 예정	⬤ 진행중	⬤ 완료	⬤ 진행중
7월 7일	7월 3일 → 7월 7일	5월 12일	7월 3일 → 7월 7일
중간	높음	낮음	높음

❖ 완성 예제 링크 bit.ly/easys-notion-10

05 ✦ 여러 명이 사용하는 협업 대시보드 만들기

06 ✦ 노션의 방대한 템플릿 활용하기

07 ✦ 노션 API 활용하기

08 ✦ 나만의 개인 비서, 노션 AI!

이 책은 이렇게 보세요!

이 책의 03~05장은 용도에 따라 선택해서 봐도 됩니다. 01, 02장은 필수로 본 후 포트폴리오, 개인 관리, 업무 협업 중에서 자신이 필요한 부분을 선택해서 보세요. 노션 AI 기능을 시작해 보고 싶다면 08장을 살펴보세요!

이 책에서 제공하는 노션 템플릿

포트폴리오, 할 일 관리, 학점 관리 등 14가지 노션 템플릿을 제공합니다. 어떤 모습인지 확인하고 이 책으로 함께 만들어 보세요! 특별 제공 템플릿 링크는 표지를 넘기면 확인할 수 있습니다.

- 포트폴리오
  bit.ly/easys-notion-1
- 개인 대시보드
  bit.ly/easys-notion-2
- 할 일 관리
  bit.ly/easys-notion-3
- 습관 관리
  bit.ly/easys-notion-4

- 영화 감상 기록
  bit.ly/easys-notion-5
- 독서 기록
  bit.ly/easys-notion-6
- 계정 관리
  bit.ly/easys-notion-7
- 채용 정보
  bit.ly/easys-notion-8

- 강의 노트
  bit.ly/easys-notion-9
- 타임라인 칸반보드
  bit.ly/easys-notion-10
- 자료 데이터베이스
  bit.ly/easys-notion-11
- 회의록
  bit.ly/easys-notion-12

우리 함께 만들어요! — 노션 페이지 독자 갤러리

이 책을 보고 만든 노션 페이지를 소개해 주세요! 다른 독자와 함께 '이렇게도 만들 수 있구나' 하며 서로 영감을 주고받을 수도 있어요.

- **신청 링크** bit.ly/easys_notion_gallery
- **독자 갤러리 구경하기** daseul.me/notionlife

반가워, 노션!

안녕하세요. 저는 일의 효율을 높여주는 생산성 관리 도구에 관심이 많은 이다슬입니다. 제가 노션을 처음 만난 건 취업 준비를 할 때였어요. 여러 회사를 지원하다 보니 채용 일정도 서류도 제각각이라 너무나 정신이 없었죠. 그런데 이 모든 어려움이 노션을 만나면서 한방에 해결됐어요. 각 회사의 채용 스케줄을 한 번에 관리할 수 있는 것은 물론, 컴퓨터에 폴더를 만드는 것처럼 각 회사별 페이지를 만들어 놓고, 참고 링크나 자기소개서, 면접 준비 자료 등을 전부 정리할 수 있더라고요. 노션 덕분에 취업 준비를 훨씬 더 체계적으로 마무리할 수 있었습니다. 이렇게 스마트한 노션을 여러분에게 소개하고자 합니다. 지금부터 저와 함께 시작해 볼까요?

01-1

노션으로 많은 것을 할 수 있어요

전 세계 3,000만 명이 사용하는 노션

생산성 도구나 IT 분야에 관심이 많은 분들은 한 번쯤 들어 봤을 노션! 노션은 기록장, 스케줄러이자 업무, 프로젝트 등을 효율적으로 관리할 수 있는 올인원(all-in-one) 생산성 도구로, 2016년 미국 실리콘밸리의 작은 스타트업에서 시작됐어요. 10명 미만의 스타트업이 만든 도구이지만, 사용자가 2019년에 100만 명, 2020년에는 이보다 4배 증가한 400만 명, 심지어 2022년에는 2,500만 명까지 폭발적으로 늘어났고, 2023년 4월에는 무려 3,000만 명을 돌파했습니다. 특히 한국은 노션의 최초 다국어 버전인 한국어판이 출시된 2020년 이후 미국 다음으로 전 세계에서 노션을 가장 많이 사용하는 국가가 됐어요.

노션 메인 페이지

제가 노션에 푹 빠진 이유는 다른 생산성 관리 도구에서 사용할 수 있는 기능들을 모두 노션으로 해결할 수 있고, 필요에 따라 기능을 자유롭게 조합해 나만의 데이터베이스를 만들 수 있다는 점 때문이에요.

노션이 다른 도구과 다른 점 4가지

그렇다면 노션의 특징은 무엇일까요? 제가 생각하는 노션의 장점을 한번 정리해 볼게요!

특징1 개인용·업무용을 하나의 계정으로!

용도에 맞춰 작업 환경(워크스페이스)을 자유롭게 추가할 수 있어요. 1번 워크스페이스는 '개인용', 2번 워크스페이스는 '업무용'처럼 말이죠! 검색 기능을 이용해 데이터를 쉽게 찾을 수 있고, 링크 설정을 이용해 다른 페이지로 쉽게 이동할 수도 있어요.

개인용 워크스페이스

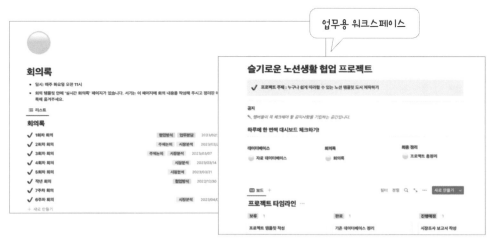

업무용 워크스페이스

동시에 수정 가능! — 뛰어난 협업 기능

구글 스프레드시트를 사용해 본 적이 있나요? 구글 스프레드시트를 사용하면 하나의 페이지를 여러 명이 동시에 수정할 수 있는데요. 노션에서도 구글 스프레드시트처럼 동시에 수정할 수 있습니다. 심지어 동료의 이름을 태그해서 간단한 메시지를 남길 수도 있어요.

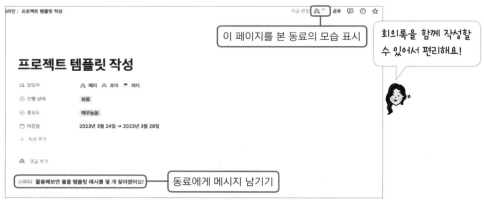

여러 사람이 함께 회의록을 작성하는 모습

특징 3 구글/유튜브/웹 사이트와 연계

구글 드라이브에 올려 뒀던 자료는 물론, 구글 맵, 유튜브 영상, 오디오 링크까지도 노션 페이지에 삽입할 수 있어요. 날씨 위젯, 방문자 카운트 위젯 등 노션을 보다 편리하게 이용할 수 있도록 해주는 기능도 늘어나고 있습니다.

구글 맵을 노션 페이지에 넣은 모습

템플릿 공유/사용 가능

만들어 둔 페이지의 구성을 템플릿으로 저장해 다른 페이지에 붙여 넣을 수 있어요.
링크로 만들어 다른 사람에게 공유할 수 있고, 다른 사람의 템플릿을 나의 노션에 저
장할 수도 있답니다.

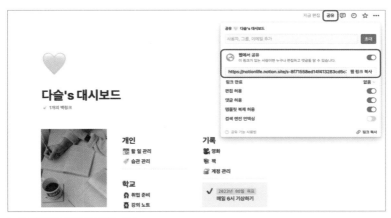

노션 페이지를 웹에 공유하는 모습

일잘러의 노션 구경하기

노션의 다양한 기능 덕분에 확장성도 무궁무진합니다. 이 책에서는 가장 많이 활용되
고 있는 몇 가지 방법을 소개하고, 함께 만들어 보려고 해요.

개인 활용

일정 관리, 메모, 영화·도서 기록, 습관 관리, 강의 및 자료 정리, 개인 포트폴리오, 가
계부 등으로 사용하고 있습니다.

조덕윤 님의 개인 포트폴리오(branchsquare.xyz)

저자의 강의 관리 페이지(daseul.me/sideproject/notion)

팀 활용

협업 프로젝트 관리, 회의록, 데이터베이스 관리, 고객 CRM 관리, 회사 홈페이지, 기타 회사의 전사 관리 도구로 사용하고 있습니다.

텀블벅의 창작자 가이드 페이지(creator.tumblbug.com)

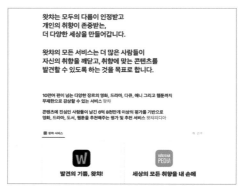

왓챠의 기업 소개 페이지(watcha.team)

노션을 시작할 때 알아야 할 개념이 있나요?

본격적으로 노션과 함께하기 전에 다음 용어를 알아 두면 노션과 더욱 빨리 친해질 수 있어요.

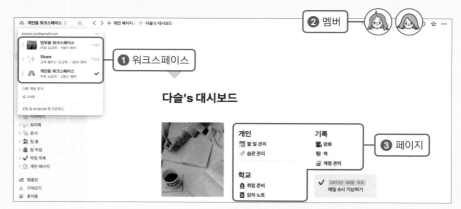

❶ 워크스페이스

노션의 가장 큰 활용 단위로, 컴퓨터의 C, D 드라이브와 비슷해요. 워크스페이스 간에는 서로 영향을 받지 않기 때문에 개인 용도, 협업 용도 등과 같이 사용 유형을 완전히 나눌 수 있어요.

❷ 멤버

워크스페이스 내에 초대할 수 있는 팀원이에요. 워크스페이스 내 모든 페이지에 접근하거나 새로운 페이지를 자유롭게 생성할 수 있어요.

❸ 페이지

데이터를 입력하는 흰색 도화지와 같아요. 페이지는 워크스페이스 안에 만들 수 있는데, 컴퓨터에 비유하면 데이터를 입력한 하나의 워드 파일과 비슷해요. 한 가지 특이한 점은 각 페이지 안에 또 다른 페이지를 만들어 폴더처럼 연결할 수도 있다는 것이에요.

❹ 게스트

어느 한 페이지에만 접근할 수 있는 팀원이에요. 같은 워크스페이스 안에 있는 페이지라도 각 페이지에서 접근 권한을 설정해 줘야 해요. 하나의 워크스페이스 안에 페이지 A와 B가 있을 때 페이지 A에만 접근 권한을 부여받은 게스트는 페이지 B에 접근할 수 없어요.

01-2

노션 가입하기

노션의 요금제 소개

노션은 무료 요금제, 유료 요금제로 이용할 수 있어요. 요금제 별로 이용할 수 있는
기능은 다음과 같아요.

구분		요금	주요 기능
무료 요금제	개인 요금제	무료	무제한 텍스트 작성(2명 이상 사용할 경우 블록 1,000개 제한), 파일 업로드 5MB 제한, 게스트 초대 10명 제한, 버전 기록 7일 간 열람 가능
유료 요금제	플러스 요금제	매달 USD 10 (연간 결제 시 매달 USD 8)	[개인 요금제] 기능 + 무제한 파일 업로드 가능, 게스트 초대 100명 제한, 버전 기록 30일 간 열람 가능
	비즈니스 요금제	매달 멤버 1인당 USD 18 (연간 결제 시 매달 USD 15)	[플러스 요금제] 기능 + 게스트 초대 250명 제한, 버전 기록 90일 간 열람 가능, 고급 페이지 애널리틱스 기능 등
	엔터프라이즈 요금제	노션 영업팀에 별도 문의	[비즈니스 요금제] 기능 + 버전 기록 무제한 열람 가능

▶ 유료 요금제는 연간, 월간 결제 중에서 선택할 수 있습니다. 연간 결제는 월간 결제보다 할인된 가격으로 청구됩니다.

무료 요금제와 유료 요금제(플러스 요금제 이상)의 가장 큰 차이점은 협업 방식과 파일 업로드 기능이에요. 무료 요금제에서는 게스트를 최대 5명까지 초대할 수 있지만, [플러스 요금제] 이상에서는 게스트를 100명까지 초대할 수 있습니다. 파일 업로드 용량 제한도 사라집니다. 따라서 팀 협업을 목적으로 노션을 사용한다면 [플러스 요금제] 이상을 추천해요.

회사의 전사 관리 도구로 사용한다면 [비즈니스 요금제]를 추천합니다. 버전 기록을 90일 간 열람할 수 있고, 비공개의 팀 스페이스를 만들거나 페이지 방문자를 자세하게 추적할 수 있는 애널리틱스 기능도 활용할 수 있기 때문이에요.

이 책은 개인이 노션을 관리하는 다양한 예시를 소개해야 하므로 [플러스 요금제]를 기준으로 설명하겠습니다.

하면 된다! } 노션 무료 요금제 가입하기

이쯤 되니 노션을 한번 사용해 보고 싶지 않나요? 노션을 실제로 사용하기 위한 첫발을 함께 내딛어 봐요.

1. 노션의 메인 페이지(notion.so/ko-kr)에 접속한 후 [무료로 Notion 사용하기]를 클릭하세요.

노션 메인 페이지

2. 이메일 주소를 입력한 후 [이메일로 계속하기]를 클릭하면 인증 메일이 옵니다. 이메일에 포함된 로그인 코드를 붙여 넣으면 회원 가입이 끝나요. 이메일 본문 내에 있는 가입 링크를 클릭해도 됩니다.

▶ 학생이고 [플러스 요금제]를 무료로 이용하고 싶다면 학교 메일을 입력하세요.

이메일로 받은 [로그인 코드]를 입력하세요!

회원 가입 페이지

3. 노션에서 사용할 이름과 비밀번호를 설정한 후 원하는 용도까지 설정하면 노션을 사용할 준비가 모두 완료돼요.

초기 정보 입력 화면

[팀과 사용], [개인용], [학교용] 중에서 선택

4. 다음과 같은 초기 화면이 나타났나요? 노션의 세계에 입문한 것을 환영합니다!

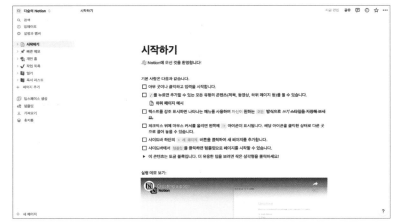

회원 가입 후 나타나는 초기 화면

학생은 무료로 사용할 수 있다고 들었어요!

노션은 학생 및 교육계 종사자에게 월 USD 10의 [플러스 요금제]를 무료로
제공합니다(단, 워크스페이스에 멤버를 추가할 수 없습니다). 방법은 간단해요.
학교 이메일 주소로 노션에 가입하면 됩니다. 만약 학교 이메일 주소로 가입하
지 않았다면 [설정과 멤버]를 누르면 나타나는 창에서 [내 계정]을 누른 후 [이
메일 변경]을 클릭해 학교 이메일 주소로 변경하세요. [플러스 요금제]로 자동
업그레이드됩니다.

▶ 노션 공식 가이드 링크: bit.ly/gotcha_notion_student

제 노션은 영문으로 나와요!

당황하지 않아도 돼요. 노션에서 사용하는 언어를 한글로 변경할 수 있어요. 왼
쪽 사이드 바에서 [Setting & Members]를 클릭하면 [Language & region]을
선택할 수 있어요. 영어(English)로 돼 있는 설정을 [한국어]로 변경하면 됩니
다. 일본어, 프랑스어, 독일어, 스페인어, 포르투갈어로 변경할 수도 있습니다.

노션 첫 화면 살펴보기

왼쪽 회색 사이드 바를 살펴볼까요? 이미 [시작하기], [빠른 메모], [개인 홈] 등의 페이지가 만들어져 있어요. 우리가 앞으로 만들 노션 페이지의 예시를 볼 수 있어요.

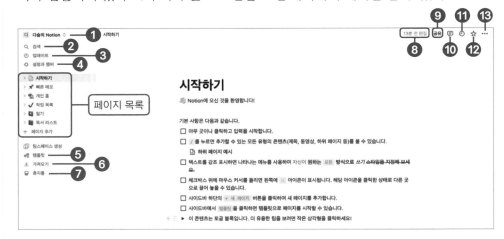

나머지 항목들에 대한 설명은 다음과 같습니다.

❶ [○○의 Notion]: 새 워크스페이스를 생성하거나 현재 로그인한 계정 이외에 다른 계정을 갖고 있다면 추가할 수 있어요. 계정 로그아웃도 할 수 있습니다.

❷ [검색]: 찾고 싶은 단어를 입력하면 현재 워크스페이스에서 빠르게 검색해 결과를 보여 줘요. 세부적인 검색 설정도 할 수 있습니다.

'일기'로 검색한 결과

❸ [업데이트]: 내가 받은 멘션, 댓글 답장, 페이지 초대 알림이 나타납니다. 팔로우한 페이지가 있다면 변경 사항이 있거나 댓글이 달릴 때마다 여기에서 알림을 확인할 수 있어요. 내가 작성한 페이지는 자동으로 팔로우되고, 타인이 작성한 페이지는 해당 페이지에 접속한 후 [업데이트 ⊙]를 눌러 팔로우할 수 있어요.

④ **[설정과 멤버]**: 워크스페이스에 멤버와 게스트를 추가하거나 테마, 아이콘, 언어 등을 설정할 수 있어요.

⑤ **[템플릿]**: 노션에서 제공하는 다양한 템플릿을 구경하거나 가져올 수 있어요.

⑥ **[가져오기]**: 다른 도구에서 작성해 뒀던 데이터를 노션으로 불러올 수 있어요.

⑦ **[휴지통]**: 삭제한 데이터를 관리하거나 영구 삭제할 수 있어요.

⑧ **[Edited]**: 몇 분 전에 이 페이지가 수정됐는지 직관적으로 알 수 있어요.

⑨ **[공유]**: 해당 페이지를 웹에서 공유할 수 있어요.

⑩ **[댓글 💬]**: 페이지에 달린 댓글 중 해결된 댓글, 미해결된 댓글을 구분해 한눈에 볼 수 있어요.

⑪ **[업데이트 ◎]**: 페이지가 편집된 이력을 볼 수 있어요. [다음 경우에 알림]을 눌러 알림 설정을 하면 이 페이지의 변경 사항을 알림으로 받을 수 있어요.

⑫ **[즐겨찾기 ☆]**: 인터넷 브라우저의 즐겨찾기와 같이 자주 사용하는 페이지를 즐겨찾기로 저장할 수 있어요. 왼쪽 사이드 바에서 모아 볼 수 있습니다.

⑬ **[더 보기 ⋯]**: 폰트 스타일, 작은 텍스트 ON/OFF, 전체 너비 ON/OFF, 링크 복사 등 페이지의 세부 사항을 설정할 수 있어요.

노션 앱은 어떻게 사용하나요?

노션 데스크톱 앱을 내려받으면 굳이 인터넷 창을 열어 노션 홈페이지를 검색하지 않아도 바로 접속할 수 있습니다. 내가 언급됐을 때 바로 푸시 알림을 받을 수 있으니 노션을 협업용으로 자주 활용한다면 내려받아 두는 것이 좋겠죠?

- **데스크톱 앱:** 노션 데스크톱 앱 페이지(notion.so/ko/desktop)에 접속한 후 [○○용 다운로드]를 클릭하면 앱을 내 컴퓨터 환경에 맞춰 내려받을 수 있어요.

노션 데스크톱 앱 페이지

• **스마트폰 앱:** 스마트폰에서 사용할 수 있는 앱도 있습니다. 앱 스토어나 플레이 스토어에서 '노션'을 검색해 설치해 보세요.

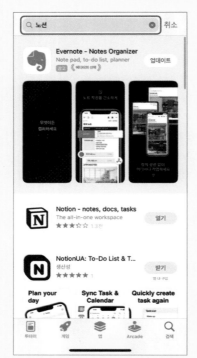

앱 스토어에서 '노션'을 검색한 모습

노션 스마트폰 앱 설치 화면

01-3

첫 페이지 내 손으로 만들기

블록으로 이뤄진 노션

노션은 '블록' 형식으로 이뤄진 도구예요. 여기서 블록은 텍스트, 이미지 등과 같이 데이터를 작성할 수 있는 최소 단위를 말해요. 텍스트, 체크박스, 제목은 물론, 페이지를 하나 더 만드는 것도 모두 다른 블록으로 취급돼요. 표, 리스트, 캘린더 등도 블록에 해당합니다. 글을 작성하다가 Enter를 누르면 다른 블록이 시작되고, /를 누르면 메뉴가 나타나며 원하는 유형의 블록을 선택할 수 있어요.

블록에는 [기본 블록], [미디어], [데이터베이스], [AI 블록], [고급 블록], [인라인], [임베드] 등이 있습니다. 이 중에서 가장 자주 쓰이는 [기본 블록]과 [인라인]을 먼저 살펴보겠습니다.

기본 블록 살펴보기

기본 블록의 종류는 다음과 같습니다.

❶ **[텍스트]**: 아무런 효과도 적용하지 않은 기본 글자를 입력할 때 사용해요.

> **노션의 세계에 오신 것을 환영합니다!**

❷ **[페이지]**: 현재의 페이지 안에 또 하나의 페이지를 만들 수 있어요. 마치 컴퓨터 바탕화면에 [2023년]이라는 폴더를 만들고 그 안에 [사진]이라는 폴더를 만들어 2023년에 찍은 사진을 분류하는 것처럼요.

🔒 업무 일정 관리
💰 가계부

❸ **[할 일 목록]**: 체크박스가 달린 텍스트를 입력합니다.

❹ **[제목1], [제목2], [제목3]**: 크기별로 대제목, 중제목, 소제목을 입력할 수 있어요. [제목1]이 가장 크고, [제목3]이 가장 작습니다.

❺ **[표]**: 간단한 표를 바로 만들 수 있습니다.

❻ **[글머리 기호 목록], [번호 매기기 목록], [토글 목록]**: 검은색 동그라미, 번호 또는 화살표 모양의 토글이 달린 텍스트를 입력할 수 있어요. 토글을 적용한 목록은 평소에는 보이지 않지만, 화살표를 누르면 나타나요.

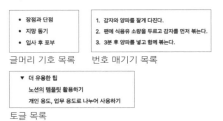

글머리 기호 목록   번호 매기기 목록

토글 목록

❼ **[인용]**: 책의 글귀 등을 인용할 때 주로 사용하는 기호로, 텍스트를 강조할 때 사용해요.

> 꿈꾸는 것은 아주 편한 일이다. 그 꿈을 이루지 않아도 된다면. 우리는 힘든 순간들을 그렇게 꿈을 꾸면서 넘긴다. <1분> – 파울로 코엘료

❽ **[구분선]**: 블록과 블록 사이를 회색 선으로 구분할 수 있어요.

❾ **[페이지 링크]**: 워크스페이스 내의 다른 페이지를 링크로 가져올 수 있어요.

📝 일기

❿ **[콜아웃]**: 회색 상자 안에 텍스트를 작성할 수 있어요. 강조하고 싶을 때 유용해요.

> 💡 작업 시작 전 타이머 잊지 않고 켜기!

인라인 블록 살펴보기

[텍스트] 블록 안에서 사용할 수 있는 추가 기능을 '인라인'이라고 합니다. [인라인] 블록에는 [사용자 멘션하기], [페이지 멘션하기], [날짜 또는 리마인더]가 있는데, 모두 키보드의 @를 누르면 바로 사용할 수 있습니다.

@를 눌렀을 때 나타나는 항목

❶ [사용자 멘션하기]: 워크스페이스를 공유하고 있는 팀원을 멘션할 수 있어요.

❷ [페이지 멘션하기]: 워크스페이스 내의 다른 페이지를 멘션할 수 있어요. [페이지 링크]와 다른 점은 이 블록을 사용해 링크된 페이지에는 제목 밑에 [1개의 백링크]라는 기능이 붙는다는 것이에요. 이 부분을 누르면 링크가 삽입된 페이지로 이동할 수 있어요.

❸ [날짜 또는 리마인더]: 날짜나 리마인더를 넣을 수 있어요.

❹ [이모지]: 귀여운 이모지를 넣을 수 있어요. 단축키 ⊞ + .을 누르면 이모지를 쉽게 넣을 수 있어요. 자동으로 입력된 :(콜론) 뒤에 이모지의 종류를 입력하면 관련 이모지만 모아볼 수도 있습니다.

맥을 사용한다면 Command + Control + Spacebar를 누르고 :을 입력하세요!

❺ [인라인 수학 공식]: 수식 기호를 넣을 수 있어요.

아직 블록이 무엇인지 감이 잘 오지 않죠? 백문이 불여일견! 나만의 메모장을 만들면서 익혀 보겠습니다.

하면 된다! } 내 마음대로 첫 페이지 꾸미기

첫 페이지를 자유롭게 꾸미면서 블록을 사용해 볼까요?

1. 초기 화면으로 돌아가 왼쪽 사이드 바의 [+페이지 추가]를 클릭하면 새 페이지를 만들 수 있어요.

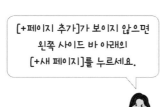

[+페이지 추가]가 보이지 않으면 왼쪽 사이드 바 아래의 [+새 페이지]를 누르세요.

2. 페이지가 하나 만들어졌습니다. '제목 없음' 부분을 클릭한 후 타이틀을 입력하세요. 아래쪽에 나타나는 흐린 회색 글씨 중에서 [빈 페이지]를 누르세요.

만들고 싶은 스타일이 있다면 [템플릿]이나 [데이터베이스] 항목을 선택해도 됩니다!

3. 깨끗한 빈 페이지가 생성됩니다. [아이콘 추가]를 누르면 노션에서 제공하는 이모지를 페이지의 아이콘으로 사용하거나 사진을 아이콘으로 업로드할 수 있어요.

원하는 아이콘을 선택한 후 내용을 입력해 보세요.

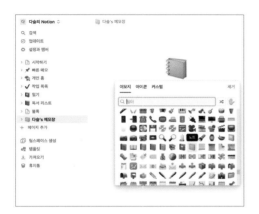

4. 제목을 입력한 후 키보드의 [Enter]를 누르면 바로 글을 쓸 수 있어요. [/]를 누르면 나타나는 블록 목록 중에서 선택해 추가할 수도 있어요.

▶ 블록 항목 위에 마우스 커서를 올려 놓으면 나타나는 ⠿ 아이콘을 누른 채 드래그하면 위치를 이동할 수 있습니다.

질문
있어요!

커버 이미지는 어떻게 추가하나요?

1. 페이지 제목에 마우스 커서를 올려 놓으면 [커버 추가] 버튼이 나타납니다.

2. [커버 추가]를 누르면 노션에 내장된 기본 이미지가 랜덤하게 커버 이미지로 적용됩니다. 방금 추가된 이미지 위에 마우스 커서를 올려 놓은 후 [커버 변경]을 클릭해 보세요.

3. 노션에 내장된 기본 이미지를 이용하거나 소유하고 있는 이미지를 업로드할 수 있어요. 무료 고화질 이미지 웹 사이트인 '언스플래시(unsplash.com)'와도 연계돼 있어 이미지를 바로 적용할 수도 있어요.

하면 된다! ▶ 페이지 안에 하위 페이지 만들기

방금 만든 페이지 안에 하위 페이지를 만들 수도 있어요. 이 페이지는 상위 페이지와
는 완전히 독립된 페이지입니다.

1. 빈 페이지 안에서 키보드의 ⌨/를 누르면 다음과 같이 블록을 선택할 수 있어요.
이 중에서 [페이지]를 선택하세요.

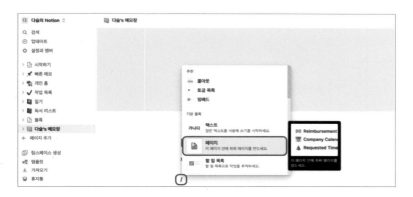

2. 페이지를 선택하면 방금 전 메모장 페이지를 만들었을 때와 동일한 화면이 나타나
요. 하위로 연결된 페이지로 들어갔기 때문이에요. 앞에서와 마찬가지로 [빈 페이지]
를 누른 후 페이지 제목을 입력합니다.

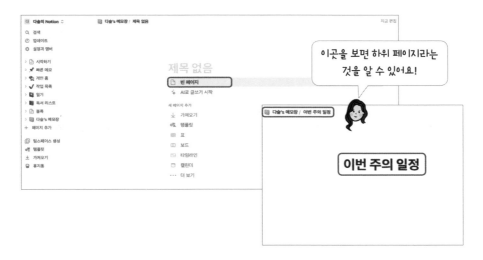

이곳을 보면 하위 페이지라는
것을 알 수 있어요!

3. 하위 페이지가 완성됐어요. 위쪽 바에서 상위 페이지인 [다슬's 메모장]을 클릭해 볼까요? 상위 페이지로 넘어가면서 방금 만들었던 하위 페이지가 블록 형식으로 저 장돼 있는 것을 볼 수 있어요. 이 페이지는 일반 텍스트와 마찬가지로 드래그해 다른 위치 또는 다른 페이지로 자유롭게 이동시킬 수 있습니다.

여러 항목을 한 번에 하위 페이지로 만들 순 없나요?

[텍스트] 블록을 [페이지] 블록으로 변환하는 방법으로, 한 번에 여러 개의 하 위 페이지를 만들 수 있어요. 일단 [텍스트] 블록으로 여러 항목을 만든 후 마우 스로 드래그해 블록을 모두 선택합니다. 이때 선택된 블록이 파란색으로 바뀌 는데요. 여기서 한 번 더 마우스 오른쪽 버튼을 누른 후 [전환 → 페이지]를 선 택하면 됩니다.

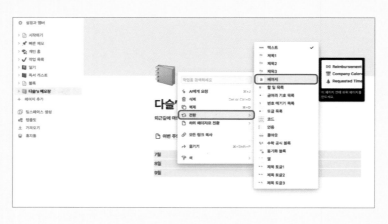

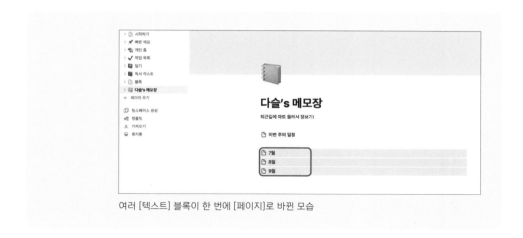

여러 [텍스트] 블록이 한 번에 [페이지]로 바뀐 모습

하면 된다! } 노션이 제공하는 템플릿 적용하기

제가 노션을 처음 접했을 때 이 흰색 스케치북 같은 첫 화면을 어떻게 꾸며야 할지 막막했어요. 이때 도움을 받은 것이 노션에서 제공하는 다양한 템플릿이었습니다.

1. 왼쪽 사이드 바에서 [템플릿]을 선택하면 다양한 템플릿을 구경할 수 있어요.

2. 마음에 드는 템플릿이 있을 때 오른쪽 아래에 있는 [템플릿 사용하기]를 누르면 내 워크스페이스로 가져올 수 있어요.

템플릿을 구경하는 모습

템플릿이 내 워크스페이스에 추가된 화면

하면 된다! ⟩ 페이지 복사·삭제·즐겨찾기 추가

방금 만든 페이지를 삭제하고 싶거나 자주 찾는 페이지를 [즐겨찾기]에 추가해 어디서든 바로 이동하고 싶을 때가 있어요.

1. 페이지를 복사·삭제하는 방법부터 살펴보겠습니다. 블록의 왼쪽에 마우스 커서를 올려 놓은 후 ⊞ 아이콘을 클릭합니다.

2. 클릭하면 세부 기능 창이 나타납니다. 이곳에서 [삭제] 또는 [복제]를 선택할 수 있어요.

페이지를 [복제]한 모습   복제한 페이지를 [삭제]하는 모습

3. 이번에는 화면 오른쪽 위를 주목해 볼까요? [즐겨찾기 ☆]를 클릭합니다.

4. 왼쪽 사이드 바의 [즐겨찾기] 항목에 우리가 작업하던 페이지가 저장된 것을 확인할 수 있어요.

5. [즐겨찾기]에서 삭제하고 싶나요? 왼쪽 사이드 바의 [즐겨찾기] 항목에서 제거하고 싶은 페이지 위에 마우스 커서를 올려 놓으세요. 이어서 나타나는 ⋯ 아이콘을 클릭한 후 [즐겨찾기 해제]를 클릭하거나 오른쪽 위에 있는 [즐겨찾기 ☆]를 한 번 더 클릭합니다.

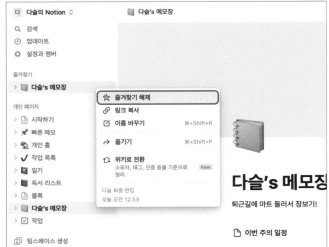

에버노트, 트렐로에 있는 데이터를 노션으로 가져올 수 있나요?

에버노트, 트렐로와 같이 기존에 쓰고 있던 다른 메모 앱, 구글 파일, 워드 문서 등을 모두 노션으로 갖고 올 수 있습니다.

1. 왼쪽 사이드 바에서 [가져오기]를 클릭합니다.

2. 노션으로 불러오고 싶은 데이터가 저장된 도구를 선택합니다.

3. 로그인이 필요한 도구는 로그인 후 원하는 파일을 선택하면 됩니다. 이미 컴퓨터에 저장돼 있는 파일이라면 파일 탐색기 창이 바로 나타납니다.

에버노트 로그인 창이 나타난 모습   컴퓨터의 파일 탐색기 창이 열린 모습

01-4

자주 사용하는 단축키와 설정 모음

자주 사용하는 단축키

노션을 사용하다 보면 블록 유형을 추가하거나, 페이지를 만들거나, 텍스트 앞에 번호를 넣는 등 매번 사용하는 기능이 있어요. 이렇게 자주 사용하는 기능은 단축키를 사용하는 게 훨씬 편리합니다. 직접 따라 하면서 익혀 보세요.

- **블록 추가**: 키보드의 ⌸
- **페이지 생성**: 키보드의 Ctrl + N (맥은 command + N)
  ▶ 페이지 생성 단축키는 인터넷 브라우저에서는 사용할 수 없고, 데스크톱 앱에서만 사용할 수 있습니다.

새 페이지가 생긴 모습

- **리스트 생성**: 키보드의 ⁕ 또는 ＋ 또는 － 를 누른 후 Spacebar
- **번호 생성**: 키보드의 숫자 1 과 . 를 누른 후 Spacebar
- **토글 생성**: 키보드의 ＞ 를 누른 후 Spacebar

유용한 3가지 설정

왼쪽 사이드 바에서 [설정과 멤버]를 누르면 세부 설정을 할 수 있어요. 유용한 설정 몇 가지를 소개할게요.

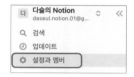

다크 모드 설정

[내 알림]을 눌러 볼까요? 노션의 기본 설정은 흰색 배경의 [라이트 모드]이지만, 눈이 편안한 검은색 배경의 [다크 모드]로 변경할 수도 있어요. [시스템 설정 사용]을 선택하면 사용 중인 컴퓨터 운영 체제의 자체 설정을 따라가요.

라이트 모드

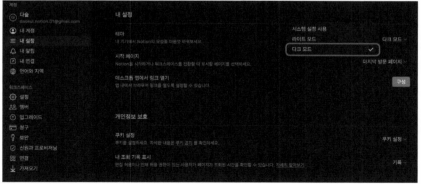

다크 모드

시작 페이지 설정

노션을 시작하거나 워크스페이스를 전환할 때 어떤 페이지를 첫 화면으로 보여줄지 선택할 수 있어요. [마지막 방문 페이지]를 선택하면 마지막으로 열어 보았던 페이지가 첫 화면이 되고, [사이드바 최상위 페이지]를 선택하면 마지막으로 방문한 페이지의 가장 상위 페이지가 첫 화면이 됩니다. 컴퓨터로 치면 맨 마지막에 열어 본 파일을 보여줄지, 아니면 바탕화면 그 자체를 보여줄지 선택할 수 있는 기능이에요!

워크스페이스 설정

[설정]을 누르면 워크스페이스별로 타이틀, 아이콘, 도메인을 결정할 수 있어요. [내 계정]에도 이와 비슷하게 이름과 아이콘을 설정하는 기능이 있는데요. [내 계정]에서 설정한 내용은 모든 워크스페이스에 적용되지만, [설정]에서 저장한 내용은 해당 워크스페이스 내에만 적용됩니다.

❶ **[이름]**: 워크스페이스의 이름을 설정합니다. 노션에 가입했을 때 설정한 이름 그대로 'OO의 노션'으로 기본 설정돼 있어요. 노션의 워크스페이스를 업무용, 개인용 등 여러 용도로 나눠 쓸 때 용도에 맞게 이름을 변경하면 헷갈리지 않아요.

❷ **[아이콘]**: 워크스페이스의 대표 아이콘을 설정할 수 있어요. 사이드 바에서 워크스페이스 이름 옆에 표시되는 아이콘입니다.

❸ **[도메인]**: 다른 사람이 내 노션 워크스페이스, 페이지에 접속할 수 있도록 공유했을 때 나타나는 주소를 설정할 수 있어요. 워크스페이스는 XXX.notion.site 형식으로 바뀌고, 워크스페이스 속 페이지는 그 뒤에 세부 주소가 붙은 XXX.notion.site/YYYYY 형식으로 바뀝니다. 집 주소로 생각해 보면 워크스페이스의 주소는 '노션 아파트', 워크스페이스 속 페이지 주소는 '노션 아파트 101호'와 같은 하위 개념이에요.

이 주소를 갖고 있고, 워크스페이스 접속 권한이 허용된 계정이라면 도메인을 인터넷 주소 창에 입력하는 것만으로도 워크스페이스에 접속할 수 있어요. 참고로 이 주소를 가지고 있어도 워크스페이스 주인인 내가 접속 권한을 허용하지 않았다면 다음 화면처럼 나타납니다. 그러니 보안 걱정은 하지 않아도 돼요.

접속 권한이 없는 사용자가 페이지 링크로 들어왔을 때 나타나는 화면

❹ **[허용된 이메일 도메인]**: 이 도메인의 이메일 주소를 가진 사람은 모두 자동으로 워크스페이스에 참여할 수 있어요. 한 명 한 명 공유하지 않아도 되기 때문에 편리한 기능입니다.

❺ **[공개 홈페이지]**: [플러스 요금제] 이상에서만 사용할 수 있는 기능이에요. 설정 창에 [웹에서 공유]를 허용한 페이지를 선택해 넣으면 위에서 설정한 도메인 XXX.notion.site에 접속했을 때 워크스페이스 접속 권한과 관계없이 설정 창에 입력한 페이지로 접속해 내용을 볼 수 있어요. '노션 아파트'만 검색하면 내가 보여 주고 싶은 페이지인 '노션 아파트 101호'에 바로 들어올 수 있는 것이죠.

❻ **[콘텐츠 내보내기]**: 워크스페이스의 전체 콘텐츠를 HTML, PDF([비즈니스 요금제]만 가능), Markdown, CSV 파일로 내보낼 수 있어요. 간단한 백업 용도로 좋아요. 단, 내보낸 파일을 노션에 재업로드한다고 해서 기존의 노션 페이지로 다시 복구할 수 없으니 주의해야 해요.

❼ **[멤버 목록 내보내기]**: [비즈니스 요금제]에서만 사용할 수 있는 기능이에요. 워크스페이스의 멤버 목록을 CSV 파일로 내보낼 수 있어요.

❽ **[애널리틱스]**: [엔터프라이즈 요금제]에서만 사용할 수 있는 기능이에요. 팀원들이 워크스페이스의 콘텐츠를 어떻게 사용하고 있는지 데이터로 확인할 수 있습니다.

❾ **[위험 구역]**: [워크스페이스 삭제]는 컴퓨터의 휴지통과 같은 기능이에요. 워크스페이스를 더 이상 사용하지 않을 때 한 번에 삭제할 수 있어요. 실수를 방지하기 위해 워크스페이스의 이름을 한 번 더 입력하는 절차를 거쳐야만 삭제돼요.

알림 설정

[내 알림]을 누르면 노션 내에서 다른 사람이 나를 언급했을 때 중요한 내용을 놓치지 않도록 알림 설정을 할 수 있어요. 데스크톱 앱, 모바일 앱, 이메일, 슬랙(Slack)으로 받아볼 수 있어요.

[내 알림] 화면

모바일 푸시 알림이 나타난 모습

노션 기능별 사용법

지금까지 잘 따라왔나요? 별로 어렵지 않죠? 여러분은 벌써 노션의 기본 사용법을 마스터했어요. 2장에서는 단순 메모 기능 이외의 더 많은 기능을 익혀볼 거예요. 데이터베이스를 만들거나, 파일을 추가하거나, 기본 사용법에서 입력한 텍스트를 강조할 수도 있어요.

02-1

데이터베이스 만들기

엑셀에 표가 있다면 노션에는 데이터베이스가 있다!

여러분은 노션을 어떤 용도로 사용하려고 하나요? 일정 관리, 기억에 남는 영화나 책에 관한 기록, 프로젝트 관리 등에서 꼭 필요한 기능이 바로 데이터베이스예요. 엑셀에서 표를 만드는 것과 비슷하다고 생각하면 돼요.

빈 페이지에서 블록 추가 단축키인 ⌿ 를 누르고 아래로 내려 보면 [데이터베이스] 항목이 보입니다. /data를 입력해도 [데이터베이스] 항목으로 이동할 수 있어요. 현재 사용할 수 있는 데이터베이스의 종류는 6가지입니다.

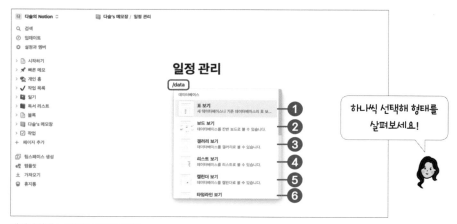

데이터베이스 항목을 불러온 화면

① **[표 보기]**: 가장 기본적인 표 형태입니다.

② **[보드 보기]**: 칸반보드 형태입니다. 일의 진척도를 나타내기에 유용해요. 화이트보드에 '진행 예정', '진행 중', '진행 완료' 칸을 만들어 두고 일이 끝날 때마다 포스트잇을 옮겨 붙여 본 경험이 있나요? 그 화이트보드의 온라인 버전이에요.

③ **[갤러리 보기]**: 사진이 메인인 게시판 형태입니다. 관람한 영화 목록을 만들 때 각 영화 포스터를 넣어 두고 갤러리 형식으로 보기를 선택하면 깔끔해요.

④ **[리스트 보기]**: 리스트 형식으로 나열된 형태입니다.

⑤ **[캘린더 보기]**: 달력 형태입니다. 다이어리의 월간 기록(monthly) 형태의 온라인 버전이에요.

⑥ **[타임라인 보기]**: 프로젝트 관리에 최적화된 타임라인 형태입니다.

질문 있어요!

[인라인]과 [전체 페이지]의 차이점을 알려 주세요!

/data를 입력한 후 데이터베이스 목록을 살펴보면 같은 형태인데 [데이터베이스 - 인라인]과 [데이터베이스 - 전체 페이지] 두 종류가 나타나는 것을 볼 수 있어요. [인라인]은 현재 페이지에 데이터베이스를 그대로 삽입하는 기능이고, [전체 페이지]는 현재 페이지에 서브 페이지로 데이터베이스를 삽입하는 기능이에요. [인라인]은 페이지에 다른 블록을 추가할 수 있지만, [전체 페이지]는 블록을 추가할 수 없기 때문에 오직 데이터베이스 하나에만 집중할 수 있어요.

[전체 페이지]로 넣으면 다른 블록은 추가할 수 없어요!

[인라인]으로 넣은 '리스트' 데이터베이스   [전체 페이지]로 넣은 '리스트' 데이터베이스

표 속성 살펴보기

데이터베이스로 표를 추가하면 19가지 속성 중에 선택해서 데이터를 입력할 수 있습니다.

❶ [≡ **텍스트**]: 텍스트를 입력합니다.

❷ [# **숫자**]: 숫자를 입력합니다. 금액을 표기해 가계부로 활용할 수도 있어요.

❸ [◉ **선택**]: 태그를 달아 분류합니다.

❹ [≣ **다중 선택**]: 여러 개의 태그를 한 번에 추가합니다.

❺ [⚙ **상태**]: '할 일', '진행 중', '완료'의 속성을 선택해 각 일의 진척도를 확인할 수 있습니다.

❻ [▦ **날짜**]: 날짜를 입력합니다.

❼ [⬚ **사람**]: 담당자 또는 참여자처럼 관련된 사람을 태그합니다.

❽ [📎 **파일과 미디어**]: 파일 또는 이미지를 업로드합니다.

❾ [☑ **체크박스**]: 체크 박스를 입력합니다.

❿ [🔗 URL]: 링크를 연결합니다.

⓫ [✉ **이메일**]: 이메일을 입력합니다.

⓬ [📞 **전화번호**]: 전화번호를 입력합니다.

⓭ [Σ **수식**]: 수식을 입력합니다.

⓮ [↗ **관계형**]: 두 가지 데이터베이스를 연결합니다. 고객 데이터베이스, 품목 데이터베이스의 두 가지 데이터베이스가 있다고 가정할 때, 고객 데이터베이스에서 관계형 속성을 지정해 품목 데이터베이스를 불러올 수 있습니다. 고객 데이터베이스에 고객이 구매한 품목을 추가하면 고객의 이름이 품목 데이터베이스의 고객 열에 자동으로 연결되는 것이죠!

⓯ [🔍 **롤업**]: ⓮ [관계형] 속성을 먼저 지정한 후 사용합니다. 고객 데이터베이스에서 품목 데이터베이스의 내용을 불러올 때 어떤 속성값을 어떻게 계산해서 가져올 것인지 지정할 수 있습니다.

⓰ [◎ **생성 일시**], [◉ **생성자**]: 데이터베이스의 생성 일시와 생성자를 불러옵니다.

⓱ [◎ **최종 편집 일시**], [◉ **최종 편집자**]: 데이터베이스의 최종 편집 일시와 최종 편집자를 불러옵니다.

하면 된다!〉 '이번 달의 중요한 일' 목록 만들기

지금까지 각 데이터베이스의 차이점을 살펴봤어요. 이제 데이터베이스를 함께 만들어 볼까요?

1. '이번 달의 중요한 일' 목록을 만들기 위해 /data를 입력한 후 [표 보기]를 선택하세요.

2. 동일한 워크스페이스 안에 있는 데이터베이스를 불러오거나 새로 데이터베이스를 만들 수 있어요. [+ 새 데이터베이스 생성]을 눌러 새 데이터베이스를 만들어 보세요.

3. 태그 옆에 있는 ⊞ 아이콘을 눌러 열을 추가하고 [+ 새로 만들기]를 눌러 행을 추가하세요. 제목에는 이번 달의 중요한 일이라고 입력하고 표 항목에는 할 일, 분류, 마감일을 입력하세요.

4. 표의 항목을 클릭하면 속성을 바꿀 수 있어요. 바꾸고 싶은 항목을 클릭한 후 [속성 편집 → 유형]에서 속성을 바꿔 보세요. '분류'는 [◉ 선택], '마감일'은 [▦ 날짜] 속성으로 바꾸면 적절할 것 같네요.

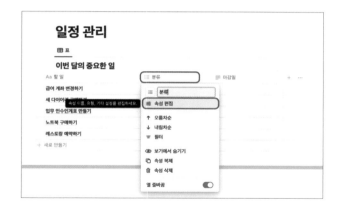

5. 항목 정리를 마쳤으니 내용을 입력해 볼까요? [분류]에 텍스트를 입력하면 태그가 생성되고 그 이후에는 동일한 태그를 계속 사용할 수 있어요. 예를 들어 '업무', '개인'을 한 번씩 입력하면 이후에는 기존 태그 목록에 업무와 개인 태그가 나타납니다.

태그를 입력하는 화면

태그 색상을 바꾸고 싶어요!

태그 색상은 자동으로 적용되지만, 마음에 드는 색상으로 바꿀 수도 있어요. 원하는 태그에 마우스 커서를 올려 놓으면 오른쪽에 ⋯ 아이콘이 나타납니다. 이 아이콘을 클릭하면 태그를 마음에 드는 색상으로 바꿀 수 있어요. 태그를 수정하거나 삭제할 수도 있습니다.

태그 색상을 바꾸는 모습

6. 마감일 설정 역시 표의 빈 칸을 클릭하면 날짜를 직접 선택할 수 있어요. 이외에 [리마인더], [종료일], [시간 포함], [날짜 형식 & 표준 시간대]도 설정할 수 있어요.

마감일을 지정하는 화면

❶ **[⬚ 리마인더]**: 일정을 잊어버리지 않도록 원하는 때에 알림을 받을 수 있어요. 당일, 1일 전, 2일 전, 1주일 전 중 선택할 수 있습니다.
❷ **[종료일]**: 중간고사 기간과 같이 시작과 끝이 정해진 일정일 때는 종료일을 지정할 수 있어요.
❸ **[시간 포함]**: 날짜와 함께 시간을 지정할 수 있어요.
❹ **[⚙ 날짜 형식 & 표준 시간대]**: 날짜 형식을 '월, 일, 년' 또는 '년, 월, 일' 등으로 바꿀 수 있어요.

7. 할 일별로 세부 내용을 작성할 수도 있어요. 데이터베이스의 개별 항목이 곧 하나의 개별 페이지가 되기 때문이에요. 할 일 중 하나에 마우스 커서를 올려 놓으면 나타나는 열기 를 클릭하세요.

8. [텍스트] 블록을 사용해 내용을 적어 보세요. 그런 다음 페이지 밖 빈 곳을 클릭해 기존 데이터베이스 화면으로 돌아갑니다.

9. 무엇이 바뀌었는지 눈치챘나요? 페이지 안에 블록을 넣으니 제목 앞에 [노트 📄] 아이콘이 나타납니다.

데이터베이스 보기 형식 바꾸기

데이터베이스를 만들다 보면 처음에 선택한 형식보다 다른 형식이 더 잘 어울릴 것 같아 보기 형식을 변경하고 싶을 때가 생깁니다. 이럴 때 데이터베이스 제목 옆에 있는 ⊞ 아이콘을 클릭하면 [보드], [타임라인], [캘린더] 등 다른 형식으로 바꿀 수 있어요. 삭제한 후 처음부터 다시 만들지 않아도 되니까 편리해요.

데이터베이스 제목 옆 [+]를 클릭하는 화면

새 보기 선택 화면

'이번 달의 중요한 일' 데이터베이스를 다른 형식으로 바꾸면 다음과 같습니다.

[보드]로 보면 '분류'로 만든 태그에 따라 항목을 나눠 보여 줍니다!

[보드]로 바꾼 모습

[타임라인]으로 바꾼 모습

이렇게 [+ 보기 추가]를 해두면 언제든지 항목을 선택해 데이터베이스를 다양한 모습으로 볼 수 있습니다. 보기 방식을 다양하게 설정해 뒀다면 검색 창을 활용해 원하는 보기 방식을 바로 찾아 보세요.

여러 보기 형식이 만들어진 모습

02-2

이미지, 동영상, URL, 소스 코드 추가하기

노션에 올릴 수 있는 수많은 파일

노션에는 다양한 형식의 파일을 업로드할 수 있어요. 이미지, 동영상은 물론 프로그래밍 언어로 된 코드 블록까지 가능하죠. 지금부터는 여러 형식의 파일을 추가하는 방법을 살펴볼게요.

빈 페이지를 하나 만든 후 아이디어 노트라는 제목을 붙이세요. 블록 추가 단축키인 키보드의 ⑦를 누른 후 아래로 내려 보면 [미디어] 항목이 보입니다. /media를 입력해도 [미디어] 항목으로 이동할 수 있어요.

[미디어] 항목을 불러온 화면

▶ 무료 요금제인 [개인 요금제]를 사용하면 5MB 이하의 파일만 업로드할 수 있습니다. 그보다 큰 용량의 파일을 올려야 한다면 유료 요금제를 사용해야 합니다.

❶ **[이미지]:** 내 컴퓨터에 있는 파일을 직접 올리는 [업로드] 기능, 웹에 있는 이미지를 가져오는 [링크 임베드] 기능이 있어요. 이외에도 고화질의 고퀄리티 사진을 무료로 사용할 수 있는 사이트인 [언스플래시(Unsplash)]에 있는 이미지도 불러올 수 있어요.

이렇듯 [미디어] 항목을 불러와 파일 형식을 직접 선택하는 방법도 있고, 내 컴퓨터에 있는 파일을 직접 노션 페이지에 붙여 넣을 수도 있습니다.

[미디어 → 이미지 → Unsplash]를 선택한 화면

❷ **[북마크]:** /media를 입력해 [북마크] 항목을 지정할 수 있습니다. URL을 입력해 [보기 형식]을 선택할 수도 있어요.

[북마크] 항목을 선택한 후 URL을 붙여 넣어 북마크를 생성하는 화면

URL을 입력했을 때 나타나는 선택 화면

- **[해제]:** 아무런 형식 없이 URL을 그대로 보여 줍니다.
- **[북마크 생성]:** URL의 내용을 한눈에 알 수 있도록 타이틀의 텍스트와 사진을 함께 보여 줍니다.

[북마크 생성]을 선택한 모습

- **[임베드 생성]:** URL을 입력했을 때 나타나는 웹 화면을 그대로 보여 줍니다. 임베드 창에 마우스 커서를 올려 놓으면 크기를 조절할 수 있습니다. 창의 크기를 작게 하면 모바일 버전으로 보일 수도 있어요. 만약 해당 웹 사이트에서 임베드 기능을 허용해 두지 않았다면 [임베드 생성]을 클릭해도 북마크 형태로 보일 수 있습니다.

[임베드 생성]을 선택한 모습

❸ [동영상]: 동영상 링크를 넣으면 동영상을 이미지처럼 임베드할 수 있어요. [이미지] 블록의 [임베드 생성] 기능과 비슷해요.

URL을 입력했을 때 나타나는 선택 화면

- [링크 임베드]: 유튜브 등 온라인 동영상 링크를 붙여 넣을 수 있어요. 유튜브 링크를 붙여 넣으면 유튜브 섬네일 이미지가 그대로 노션에 나타나요.
- [업로드]: 컴퓨터에 있는 동영상 파일을 업로드할 수 있습니다.

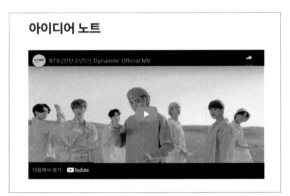

유튜브 영상이 임베드된 모습

❹ [코드]: 프로그래밍 언어로 된 코드를 노션에 삽입할 수도 있어요. 키보드의 ⃞를 누른 후 [코드] 블록을 찾거나 /code를 입력하면 회색 코드 블록이 나타나요. 코드를 입력한 후 적용할 언어를 선택하면 프로그래밍 언어별로 문자의 색상을 구별해 줍니다. 한눈에 보기 편하겠죠?

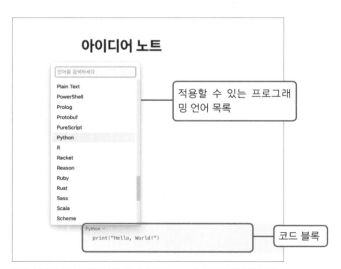

코드 블록에 프로그래밍 언어인 파이썬(Python) 코드를 입력한 화면

오늘의 일기 작성하기

[이미지], [북마크] 등의 기능을 활용해 일기를 자유롭게 작성해 보세요.

일기

* 2023년 8월 8일
* 컨디션: 최상 💪

지난 몇 개월 동안 열심히 준비한 노션 업무 협업 + 포트폴리오 강의가 오늘 공개되었다. 퇴근 후 하루 2시간씩 꼬박꼬박 준비한 결과를 본 날! 날씨도 맑아 더 기분 좋은 하루였다.

좋아하는 가수의 '덕질 노트' 만들기

함께 만든 메모장 페이지에 하위 페이지로 '덕질 노트' 페이지를 만든 후 좋아하는 연예인이 출연하는 뮤직비디오를 유튜브에서 찾아 임베드해 보세요.

덕질 노트

02-3

제목 레벨, 글자색, 배경색 지정하기

텍스트를 강조하는 다양한 방법

키보드의 ⁄ 를 누르면 나타나는 [기본 블록]에서 기본적인 텍스트 강조 기능을 사용할 수 있습니다. 위계에 따라 [제목1], [제목2], [제목3]을 선택할 수 있고 [인용문], [콜아웃]을 적용할 수도 있어요.

▶ [콜아웃]은 회색 네모 상자 안에 글을 작성할 수 있는 기능입니다. 글을 돋보이게 해줘요.

> **텍스트 강조하기**
>
> **제목1 - 가장 큰 제목**
>
> **제목2 - 중간 크기 제목**
>
> **제목3 - 가장 작은 제목**
> | 인용 - 인용문을 작성할 때
>
> 💡 콜아웃 - 돋보이는 글을 작성할 때 (왼쪽 전구 아이콘을 클릭하면 원하는 아이콘으로 변경할 수 있어요.)

제목, 인용, 콜아웃 기능을 사용한 화면

내 노션을 알록달록하게!

키보드의 ⁄ 를 누른 후 아래로 내리면 텍스트의 글자색과 배경색을 지정할 수 있어요. 아쉽게도 글자색과 배경색을 동시에 적용할 수는 없고 둘 중 하나만 적용할 수 있어요.

기본적으로는 선택된 블록 전체에 글자색 또는 배경색이 적용됩니다. 특정 텍스트에만 적용하고 싶다면 색상을 바꾸고 싶은 부분만 드래그한 후 팝업 창에서 원하는 색상을 적용해야 합니다.

글자색을 선택하는 화면

⌨️로 적용할 수 없는 서식

노션의 기능은 너무나 방대하기 때문에 키보드의 ⌨️로 적용할 수 없는 텍스트 서식도 있어요. 그것은 바로 [굵게 처리], [기울임꼴 처리], [취소선 처리], [인라인 처리]인데요. 이 기능은 단축키로 적용할 수 있습니다.

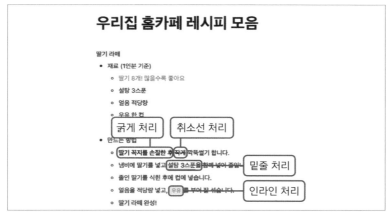

▶ '우유' 글자가 회색 상자에 담겨있는 것 보이나요? 이렇게 일정 텍스트만 회색 상자에 담아 색을 바꿔 강조하는 기능을 '인라인 처리'라고 합니다. 짧은 단어를 강조할 때 유용해요.

• **굵게 처리**: **텍스트** 또는 텍스트 선택 후 `Ctrl` + `B`(맥은 `Command` + `B`)
• **기울임꼴 처리**: *텍스트* 또는 텍스트 선택 후 `Ctrl` + `I`(맥은 `Command` + `I`)
• **취소선 처리**: ~텍스트~ 또는 텍스트 선택 후 `Ctrl` + `S`(맥은 `Command` + `S`)
• **인라인 처리**: `텍스트` 또는 텍스트 선택 후 `Ctrl` + `E`(맥은 `Command` + `E`)
• **밑줄 처리**: 텍스트 선택 후 `Ctrl` + `U`(맥은 `Command` + `U`)

더 많은 단축키가 궁금해요!

위에서 소개한 텍스트 강조 기능은 물론, 노션을 편리하게 사용할 수 있게 해주는 더 많은 단축키가 있어요. 지금 바로 하나씩 입력해 볼까요?

❶ 페이지 서식
- 새 페이지 열기(데스크톱 앱 전용): Ctrl + N (맥은 Command + N)
- 뒤로 가기: Ctrl + [(맥은 Command + [ )
- 앞으로 가기: Ctrl +] (맥은 Command +])
- 검색 창 열기: Ctrl + P (맥은 Command + P)

❷ 블록 유형 서식
- 제목 1 형식(가장 큰 제목): # + Spacebar
- 제목 2 형식(중간 크기 제목): # # + Spacebar
- 제목 3 형식(가장 작은 제목): # # # + Spacebar
- 인용 형식: " + Spacebar

❸ 텍스트 색상 지정 서식
- 텍스트 색상 지정 항목으로 바로 가기: /color
- 각 색상의 글자색 혹은 배경색 적용: /각 색상의 영문명
- 직전에 사용했던 글자색 혹은 배경색 적용: 텍스트 선택 후 Ctrl + Shift + H (맥은 Command + Shift + H)

❹ 기타 작업 서식
- 작성 중인 블록 전체 선택: Esc
- 사이드 바 열고 닫기: Ctrl + \ (맥은 Command + \ )
- 구분선 입력: 하이픈 ─ 3개

최근에 관람한 영화 감상문 써보기

제목, 글자색, 굵게 처리, 인라인 기능 등을 사용해 최근에 관람한 영화 감상문을 자유롭게 작성해 보세요.

영화 감상 기록

타이타닉 `Titanic`

- 감상일: 2022년 12월 31일
- 주인공: 레오나르도 디카프리오, 케이트 윈슬렛
- 분류: 미국, 실화, 감동

02-4

구글 드라이브, 구글 지도, PDF 임베드하기

노션에 임베드할 수 있는 다양한 앱

노션 페이지에서 ⑦를 누른 후 아래로 내리면 [임베드] 항목에 여러 가지 앱이 있는 것을 볼 수 있어요. 이처럼 노션은 [구글 드라이브], [트위터], [깃허브(GitHub)], [PDF] 등 많은 외부 앱을 임베드할 수 있어요.

❶ **[Google Drive(구글 드라이브)]:** 내 구글 드라이브에 있는 파일을 노션에 넣을 수 있어요. 단, 구글 계정과 노션이 연동돼 있어야 합니다. [Google Drive]를 선택하면 다음과 같은 화면이 나타나는데 [링크 임베드]를 누른 후 파일의 URL을 붙여 넣거나 [Google Drive 찾아보기]를 눌러 내 구글 계정을 연결하세요.

링크로 구글 드라이브를 연결하는 모습

구글 계정을 연결하는 모습

이렇게 계정을 연결한 후에는 구글 드라이브에 있
는 파일의 URL을 복사한 후 붙여 넣는 것만으로
도 노션으로 파일을 가져올 수 있습니다. [이미
지], [동영상] 블록을 넣을 때와 마찬가지로 북마
크나 임베드로 넣을 수도 있어요.

구글 드라이브에 저장된 파일을 넣은 모습

❷ [Google Maps(구글 지도)]: 구글 맵의 URL을 복사해 붙여 넣으면 노션에서 지도를 그대로 볼 수
있어요. 선택 창에서 [임베드 생성]을 누르면 이미지를 임베드했던 것처럼 지도 화면이 그대로 노션
에 나타나요.

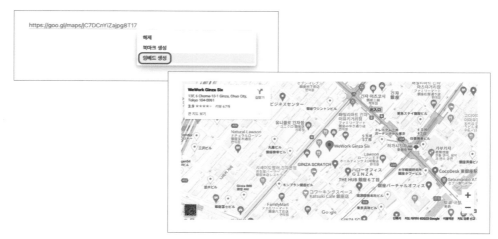

구글 맵을 노션 페이지에 넣은 모습

❸ [PDF]: 가지고 있는 PDF 파일을 업로드하거나 URL을 붙여 넣으면 노션에서 PDF를 그대로 볼 수 있어요. 작업할 때 파일을 따로 열지 않아도 내용을 미리 볼 수 있어 매우 편리합니다.

PDF 파일을 노션 페이지에 넣은 모습

03

개인 웹 페이지,
포트폴리오 만들기

개인 브랜딩이 필수인 시대!
노션에 새 페이지를 만든 후
SNS 계정을 임베드하거나 지금까지
만든 작업물을 업로드해 보세요. 그
자체로 포트폴리오가 완성됩니다. 프
로그래밍 전문 지식이 없어도 나만의
웹 페이지를 뚝딱 만들 수 있습니다.

✦ 완성 예제 링크 bit.ly/easys-notion-1

03-1

노션에서 포트폴리오를 만들면 좋은 이유

노션을 활용하는 다양한 방법 중에서 가장 주목받고 있는 것이 바로 개인 웹 페이지,
포트폴리오로써의 활용입니다.

분야별로 정리된 조덕윤 님의 포트폴리오 페이지
(branchsquare.xyz)

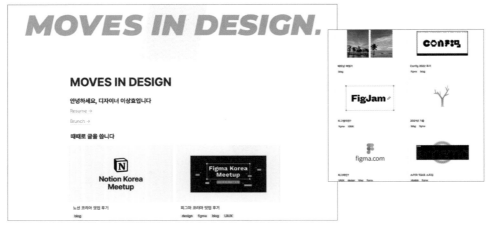

자신의 작업물과 스터디 내용을 블로그처럼 공유하는 디자이너 이상효 님(sanghyo.xyz)

노션으로 포트폴리오를 만들면 좋은 이유

이전에는 포트폴리오를 제출할 때 워드 등으로 제작한 후 PDF 파일로 변환해 제출하는 방식이 가장 보편적이었어요. 하지만 이 방식은 이력이 업데이트됐을 때 수정하기 불편할 뿐만 아니라 이미 포트폴리오를 제출한 곳에는 최신 내용을 반영할 수 없다는 아쉬움이 있었습니다. 내 포트폴리오가 몇 번 열람됐는지 기록도 남지 않았죠. 또한 디자인 작업물처럼 창의성이 중요한 직종에 종사하는 경우 파일의 용량이 너무 커서 전송하기 어렵다는 단점도 있었어요.

반면 노션을 사용하면 내가 만든 페이지를 링크 형식으로 웹에 공유하고 게시할 수 있어요. 그래서 이전에 포트폴리오를 받은 곳에서도 언제나 최신 내용을 확인할 수 있죠. 그 밖에도 노션으로 포트폴리오를 만들면 좋은 이유가 더 있습니다. 하나씩 살펴볼까요?

이유 1 이미지, 동영상, 링크 등 무거운 콘텐츠를 쉽게 담는다!

2장에서 소개한 기능을 활용하면 나의 작업물을 다양한 형식으로 보여줄 수 있어요. 예를 들어 영상 작업이 많다면 유튜브에 영상을 올린 후 노션에 북마크 형식으로 붙여 넣으면 되죠. 이외에도 깃허브(GitHub), 피그마(Figma), 스케치(Sketch) 등 다양한 파일을 노션에 업로드할 수 있어요. 노션 페이지에서 블록 형식을 지정하는 키보드의 ⧸를 누르고 스크롤을 아래로 내리면 현재 사용할 수 있는 다양한 임베드 형식을 확인할 수 있어요.

세종여권케이스

호텔 리뷰 맛집, 여기 있어요!

펀딩 프로젝트를 이미지, 링크로 소개한 다이노 님
(bit.ly/notion_dyno)

팀 프로젝트 진행 과정을 링크로 보여준 저자의 노션 페이지
(daseul.me/data/04)

이유 2 수정과 백업이 자유롭다!

포트폴리오를 제출한 이후에 오타를 발견하거나 미처 추가하지 못한 작업물이 생각
나서 아쉬웠던 적이 있나요? 포트폴리오를 노션으로 만들면 이런 걱정은 하지 않아
도 돼요. 내 노션에서 페이지 내용을 수정하면 링크로 내 페이지에 접속한 사람의 페
이지에도 수정 사항이 반영되기 때문이죠. 또한 페이지 자체를 복제해 나의 다른 노
션 페이지에 저장해 두면 백업 걱정을 하지 않아도 됩니다.

이유 3 모바일에도 최적화된 포트폴리오

특정 홈페이지가 모바일 버전이 지원되지 않아서 화면을
확대해 본 경험이 있나요? 노션은 모바일 버전을 지원하
기 때문에 해당 페이지를 연 기기에 맞춰 최적화된 화면
을 보여 줘요.

PC에서 본 포트폴리오

모바일에서 본 포트폴리오

03-2

포트폴리오, 함께 만들어 봐요

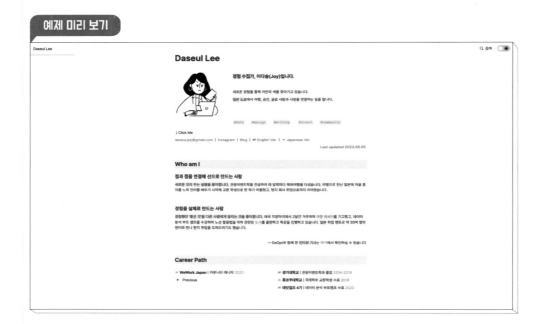

포트폴리오는 어떻게 만드는 것이 좋을까요? 포트폴리오의 양식은 정해져 있지 않아요. 노션의 장점인 자유도가 높다는 점을 활용해 포트폴리오를 다양한 형식으로 만들어 보세요. 기존의 이력서처럼 학력, 경력, 수상 내역, 외국어 스킬 등의 항목으로 정리할 수도 있고, 참여한 프로젝트를 중심으로 정리할 수도 있어요.

❖ 사용한 블록
[이미지], [텍스트], [임베드], [데이터 베이스] 등 지금까지 배운 모든 블록

❖ 완성 예제 링크
bit.ly/easys-notion-1

포트폴리오를 구성하는 세 부분

포트폴리오에 정해진 형식은 없지만, 반드시 들어가야 하는 내용을 중심으로 살펴보면 크게 세 부분으로 나눌 수 있습니다.

먼저 메인 페이지에는 내가 누구인지 간단한 인사말과 소개글, 연락처, 이메일 등을 적어요. 나만의 콘텐츠가 담긴 SNS 링크를 넣는다면 활동을 어필하기 더 좋겠죠.

그다음으로 포트폴리오의 핵심인 이력 페이지에 자신의 작업물을 기록합니다. 이때는 2장에서 배운 [데이터베이스]를 활용하면 좋아요.

이력 페이지의 [데이터베이스]는 각 개별 프로젝트 페이지로 연결됩니다. 내용에 맞춰 [이미지], [임베드] 등의 블록을 사용하면 좋겠죠?

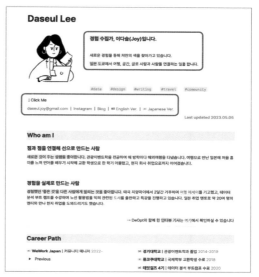

메인 페이지

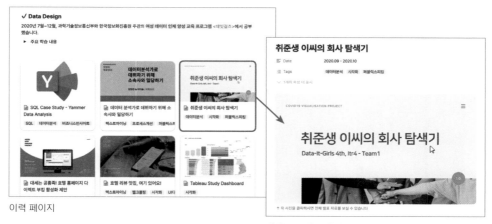

이력 페이지

개별 프로젝트 페이지

하면 된다! ｝ 포트폴리오 메인 페이지 만들기

포트폴리오 첫 화면은 곧 나의 얼굴과도 같아요. 내가 어떤 사람인지, 어떤 것에 관심이 있는지 간단히 소개해 주세요.

1. 먼저 왼쪽 사이드 바에서 [+ 페이지 추가]를
눌러 빈 페이지를 만드세요.

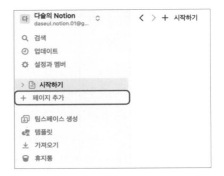

2. 나를 간단히 소개해 볼까요? 맨 위에 있는 [제목 없음]을 누른 후 페이지 이름을 적
어 보세요. 이 이름이 나의 포트폴리오의 제목이 되니 이름을 넣는 게 가장 좋겠죠?
그다음에는 [빈 페이지]를 클릭하고 [/]를 누른 다음 [이미지]를 선택해 나를 대표하는
이미지를 넣어 보세요.

 사진 대신 캐릭터를 넣고 싶어요!

노션 스타일의 캐릭터를 만들어 주는 무료 사이트인 '노션 아바타 메이커
(Notion Avatar Maker)'를 사용해 보세요. 얼굴형부터 액세서리까지 다양하
게 조합할 수 있어요!

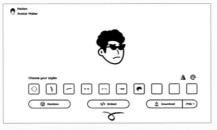

노션 아바타 메이커(notion-avatar.vercel.app)

저자의 노션 캐릭터

3. 이미지 아래에 내가 어떤 사람인지 한두 줄 정도로 정리해요. 그다음 클릭 한 번으로 나에게 바로 메일을 보낼 수 있도록 이메일 링크를 넣어 주세요. 링크드인(LinkedIn), 깃허브, 네이버 블로그 등 나를 잘 알릴 수 있는 페이지가 있다면 같이 넣어 주는 것도 좋아요. 인라인 기능을 사용해서 나를 대표하는 단어를 강조하는 것도 좋은 방법이에요.

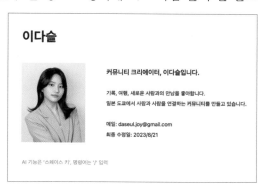

▶ 인라인 기능에 대한 설명은 59쪽을 참고하세요.

페이지를 2단으로 만들고 싶어요!

이동하고 싶은 블록의 왼쪽 끝에 마우스 커서를 올려 놓으면 ⊞ 아이콘이 나타나요. 이 아이콘을 드래그해서 다른 블록의 왼쪽 또는 오른쪽 끝에 놓으면 페이지가 2단이 됩니다. 이와 똑같은 방법으로 3단, 4단으로 만들 수도 있어요.

하면 된다! 〉 포트폴리오 이력 페이지 만들기

포트폴리오의 꽃이라고도 할 수 있는 이력 페이지예요. 재직했던 회사별로 정리하는 것도 좋고, 업종별로 정리하는 것도 좋아요. 가장 어필하고 싶은 내용을 색상이나 이미지로 표현하는 것이 좋겠죠?

1. 이력서에 넣고 싶은 활동들을 적은 후 레벨을 정리해 보세요. 항목별 구분이 필요하다면 배경색과 아이콘을 활용하는 것도 좋아요.

2. 보여 주고 싶은 내용이 많을 때는 [토글]을 사용해 보세요. 평소에는 숨겨 두고, ▶ 아이콘을 클릭하면 쭉 나타나도록 하는 거죠. 토글을 사용하면 보다 깔끔한 포트폴리오를 만들 수 있어요.

토글은 키보드의 ⟩를 누른 후 Spacebar를 눌러 단축키로 적용할 수 있어요. 토글의 타이틀을 적은 후 Enter를 누르면 내부 블록으로 이동합니다. 내부 블록에서도 기존과 같이 모든 블록 기능을 이용할 수 있어요. 다음은 토글의 내부에 글머리 기호 목록을 적용한 모습입니다.

[토글]을 열기 전

[토글]을 연 후

3. 세부 내용을 적고 싶다면 [데이터베이스]를 활용해 보세요. 키보드에서 /data를 입력한 후 [갤러리 보기]를 선택하면 다음 화면과 같이 사진이 메인인 게시판 형태의 데이터베이스를 만들 수 있어요.

[데이터베이스 - 갤러리 보기] 사용 예시

하면 된다! ╱ 포트폴리오 개별 프로젝트 페이지 만들기

진행한 프로젝트에 설명을 추가하고 싶다면 데이터베이스로 보여 주는 것이 좋아요. 이력 페이지에서 데이터베이스를 사용했다면 별도의 소개 페이지도 함께 만들어 보세요.

1. 앞에서 만든 [데이터베이스 - 갤러리] 블록 하나를 클릭하면 개별 페이지가 열립니다.

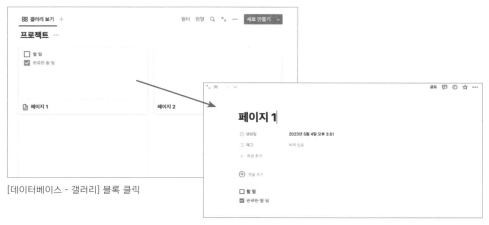

[데이터베이스 - 갤러리] 블록 클릭

개별 페이지의 모습

2. 개별 페이지에는 어떤 프로젝트인지 알아볼 수 있도록 프로젝트 진행 기간과 주제, 이 프로젝트에 사용한 스킬과 도구를 적어 주는 것이 좋아요. 우선 페이지의 제목에 프로젝트 이름을 입력하세요.

3. 다음은 항목의 속성을 설정할 차례입니다. [▦ 날짜] 속성으로 프로젝트의 진행 기간, [◉ 선택] 또는 [☰ 다중 선택] 속성으로 프로젝트의 주제 또는 관련된 스킬, [🔗 URL] 속성으로 프로젝트와 관련된 웹 페이지를 정리합니다.

프로젝트의 진행 기간을 먼저 설정해 볼게요. 기본으로 설정된 [생성일] 항목을 눌러 [속성 편집]에 들어갑니다. 이름에 날짜를 입력하고 속성 유형을 [▦ 날짜]로 변경하세요.

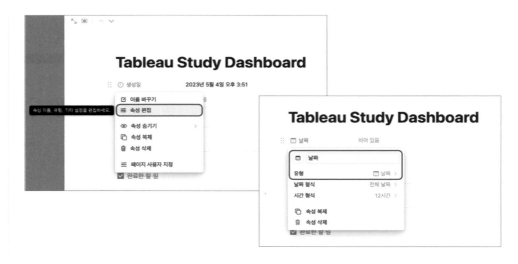

4. 날짜 속성 옆에 있는 [비어 있음]을 클릭해 달력에서 프로젝트를 시작한 날짜를 선택하세요. 달력 밑에 있는 [종료일]을 활성화하면 프로젝트가 종료된 날짜도 선택할 수 있어요.

5. [☰ 다중 선택] 속성과 [🔗 URL] 속성도 추가하세요.

6. 페이지 본문에 기본으로 생성돼 있는 [할 일 목록] 블록을 지운 후 프로젝트의 세부 설명을 자유롭게 입력하세요! 첨부할 작업물이 있다면 [임베드] 기능을 사용해 보여 주는 것이 더 좋겠죠?

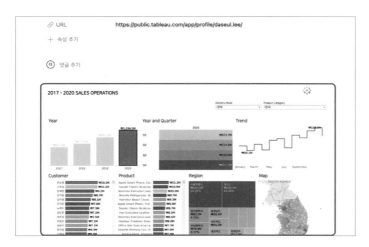

7. 강조하고 싶은 텍스트에 색을 넣거나 크기를 키우는 것도 잊지 마세요!

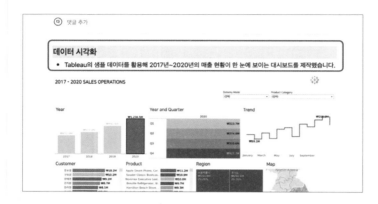

하면 된다! } 웹에 포트폴리오 공개하기

열심히 만든 포트폴리오를 다른 사람도 볼 수 있도록 URL 형식으로 공유해 볼까요?

1. 포트폴리오 페이지에서 오른쪽 위에 있는 [공유]를 클릭한 후 [웹에서 공유]를 활성화합니다.

2. URL을 복사해 주변 사람들에게 전달합니다.

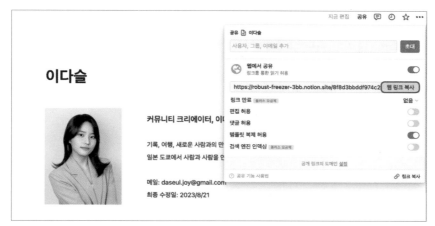

▶ [플러스 요금제]를 사용한다면 [검색 엔진 인덱싱]을 활성화해서 내 포트폴리오가 검색 엔진에서 검색되게 할 수 있어요.

이제 이 URL을 받은 사람은 모두 내 포트폴리오에 접속할 수 있어요. 이들이 내 포트폴리오를 편집하거나, 댓글을 달거나, 자신의 노션에 템플릿으로 가져갈 수 있도록 하려면 각 항목을 활성화하세요.

03-3

우피로 포트폴리오에 날개 달기

포트폴리오를 웹 사이트처럼 만들어 주는 사이트 '우피 (oopy)'를 소개합니다. 이 서비스를 이용하면 다양한 폰트, 다크 모드, 웹 페이지 주소 설정은 물론, 방문자 추적까지 할 수 있어요. 내 포트폴리오를 더 프로페셔널하게 보여 주는 작은 디테일! 지금 따라 해볼까요?

❖ 완성 예제 링크
bit.ly/easys-notion-1

우피가 뭔가요?

노션이 많은 사람들에게 알려지면서 노션을 더 잘 활용할 수 있도록 도와주는 다양한 서비스가 나왔어요. 투표를 할 수도 있고, 방문자 추적 카운터도 달 수 있고, 구글 캘린더를 연동할 수도 있고, 날씨, 명언 등과 같은 위젯을 넣을 수도 있어요.

그중에서도 우피는 노션 페이지를 다른 사람들에게 공유할 때 유용해요. 내가 만든 노션 페이지를 우피에 연결하면 그 페이지가 그대로 하나의 깔끔한 웹 사이트가 되기 때문이죠. 사용 방법도 간단해요. 우피에 가입한 후 나의 노션 포트폴리오 페이지 주소를 연결하기만 하면 준비가 끝납니다.

우피 요금제 소개

우피는 아쉽게도 구독 형식의 유료 서비스예요. 마이 페이지에 등록한 카드로 매월 결제됩니다. 하나의 노션 페이지를 연결하면 하나의 도메인(웹 사이트 주소)을 사용할 수 있는데 이 도메인의 개수만큼 비용이 추가됩니다.

도메인 개수에 따른 요금(베이직 플랜 기준)

우피에는 베이직 플랜, 프로 플랜으로 2가지 플랜이 있습니다. 프로 플랜에는 페이지 뷰 유입 경로, 이미지 슬라이드 등 조금 더 다양한 기능이 추가됩니다. 여기서는 베이직 플랜 기준으로 설명하며, 연간 결제 시 각 금액에서 10% 할인이 적용됩니다.

- 1개: 월 6,490원
- 2개: 6,490원 + (6,490원 * 0.7) = 월 11,033원(2개부터는 첫 도메인 가격의 30% 가격으로 이용할 수 있어요)
- 3개: 6,490원 + (6,490원 * 0.7) * 2 = 월 15,576원

▶ 우피 요금제 확인: oopy.io/ko/pricing

질문 있어요!

추천인 제도는 어떻게 사용하나요?

주변 친구에게 우피 웹 사이트를 알려 주세요. 친구가 우피에 회원 가입한 후 마이 페이지에서 나의 도메인 주소를 입력하면 첫 결제를 할 때 사용할 수 있는 50% 할인 쿠폰이 친구에게 발급됩니다. 또한 친구가 첫 결제를 하면 나에게도 50% 할인 쿠폰이 발급돼요. 이 쿠폰은 다음 결제를 할 때 자동으로 적용됩니다.

▶ 50% 할인 혜택 가이드: oopy.io/ko/referral

하면 된다! } 노션에 우피 무료 체험판 연결하기

신규 가입자라면 일주일 동안 최대 2개의 도메인을 무료로 이용해 볼 수 있어요. 즉, 노션 페이지 2개를 연결할 수 있는 것이죠. 그 덕분에 내 노션 페이지에 우피를 적용한다면 어떻게 달라지는지 충분히 테스트할 수 있답니다.

1. 우피 웹 사이트(oopy.io)에 접속합니다. 서비스를 이용하기 위해서는 회원 가입이 필요합니다. 아래쪽에 있는 [지금 무료로 사용해보세요!]를 클릭하세요.

2. 아이디로 사용할 이메일 주소를 입력한 후 [시작하기]를 누르면 입력한 이메일 주소로 인증 메일이 도착합니다.

▶ 여기서 사용하는 이메일 주소는 노션 계정의 이메일 주소와는 별도 계정이에요. 자주 사용하는 이메일 주소를 넣어 주세요!

3. 아이디로 설정한 메일에 접속해 [이메일 인증하기]를 누르면 가입이 완료됩니다.

▶ 메일로 온 인증 버튼을 클릭하는 화면

4. 계정 비밀번호를 등록하세요. 로그인할 때마다 인증 메일을 받지 않아도 비밀번호만으로 로그인할 수 있습니다.

5. 노션 페이지와 연결할 수 있도록 다음과 같은 안내 페이지가 나타납니다. 여러분의 노션 링크를 입력한 후 [확인]을 누르세요.

나의 노션 페이지 링크를 어떻게 알 수 있나요?

03-2절에서 내 노션 페이지를 주변 사람들에게 전달해 보는 실습을 했는데요. 이때의 URL이 바로 나의 노션 페이지 링크랍니다. 우피에 연결하려는 노션 페이지에 들어간 후 오른쪽 위에 있는 [공유 → 웹에서 공유]를 허용하면 아래에 링크가 나타납니다.

6. 노션 링크를 입력하면 다음과 같은 화면이 나타나요. 나의 홈페이지 주소를 설정하는 화면이죠. 우피 이용료에는 도메인 이용료가 포함돼 있어서 조금 전 함께 복사, 붙여 넣기했던 긴 주소를 내 마음대로 간략하게 설정할 수 있어요. 주소의 형식은 https://XXX.oopy.io입니다.

노션과 연결할 홈페이지 주소를 설정하는 화면

무료 시험판이라 7일 후에는 해당 도메인 사용이 종료됩니다. 계속 사용하고 싶다면 유료로 결제해야 해요.

7. 내가 원하는 주소를 입력한 후 오른쪽에 있는 [확인]을 누르면 연결 완료! 이제 웹 브라우저에서 방금 전 입력한 https://XXX.oopy.io 주소를 입력하면 내 노션 페이지로 이동할 수 있어요. 내 개인 웹 사이트가 탄생한 것입니다.

우피의 디자인 기능

우피에 로그인하면 나타나는 관리 페이지에서 여러 가지 디자인 설정을 할 수 있습니다. 먼저 내 포트폴리오를 더 완성도 있게 만드는 가장 쉬운 방법으로 [스타일] 기능을 살펴보겠습니다.

오른쪽 위에 있는 [스타일 🪄]을 클릭하면 나의 노션 페이지와 함께 다양한 기능을 설정하는 창이 나타납니다. [기본 스타일]에서 추천하는 기능은 다음 3가지입니다.

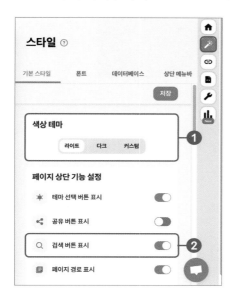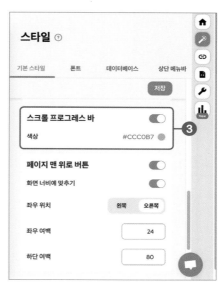

❶ **[색상 테마]:** 라이트 모드와 다크 모드를 전환할 수 있습니다. 원하는 배경색과 글자색을 설정하는 커스텀 모드도 있어요. 기본 테마를 [라이트], [다크], [커스텀] 중에 지정할 수도 있고, [테마 선택]을 적용해 사용자가 라이트 모드와 다크 모드 중 선택하도록 할 수도 있어요.

기본 [라이트] 설정, [테마 선택]을 적용한 화면

[테마 선택]을 눌러 [다크]로 변경한 화면

❷ **[검색 버튼 표시]:** 내 포트폴리오에서 특정 단어를 검색할 수 있어요.

[검색]을 눌러 검색한 화면

❸ **[스크롤 프로그레스 바]:** 사용자가 포트폴리오 내용을 얼만큼 읽었는지 알 수 있도록 페이지 전체 길이 대비 읽은 분량을 위쪽의 스크롤 바로 보여줘요. 원하는 색상으로 바꿀 수도 있습니다.

사용자가 전체 분량 중 얼마나 읽었는지를 나타내는 모습

오른쪽 창에 있는 [폰트]를 누르면 폰트를 내 포트폴리오 스타일에 맞춰 변경할 수 있어요. 한글 폰트는 물론, 영어, 일본어 폰트도 지원하므로 다국어 포트폴리오를 만드는 분에게도 유용해요.

Gmarket Sans 폰트를 적용한 화면

 이미지에 링크를 연결할 수 있나요?

우피를 이용하면 이미지를 클릭해 원하는 링크로 이동하도록 연결할 수 있어요. 노션에서 이미지를 넣은 후 해당 이미지를 클릭하면 오른쪽 위에 [캡션] 기능이 나타납니다. 이미지 아래 캡션 부분에 연결하고 싶은 링크를 입력하면 됩니다.

▶ URL은 https://까지 붙여 적어야 해요. 캡션에 적은 URL은 내 노션에서만 보여요. 외부인이 보는 노션 화면에서는 보이지 않습니다. 이미지에 URL이 연결돼 있다는 것을 한 번 언급해 주면 좋겠죠?

커스텀 도메인 연결하기

https://XXX.oopy.io 형식의 우피 제공 도메인을 사용해도 좋지만, 이왕 나만의 포트폴리오를 만든 김에 나만의 커스텀 도메인을 구입해 연결하는 것이 어떨까요? 커스텀 도메인은 인터넷에 있는 내 집의 주소라고 이해하면 돼요. 도메인을 구성하는 문자가 간단하고, 나와 연관 있는 단어라면 사람들이 내 집(노션)에 찾아오기 쉽겠죠? 비용은 1년을 기준으로 몇천 원부터 몇만 원까지 다양해요.

국내 웹 사이트와 해외 웹 사이트 중 어디서든 구입해도 괜찮지만, 처음 구입한다면 익숙한 국내 웹 사이트에서 구입하는 것을 추천해요. 대표적인 도메인 구입 사이트는 다음과 같습니다.

해외 웹 사이트
- **포크번:** porkbun.com
- **코스모타운:** cosmotown.com

국내 웹 사이트
- **카페24:** hosting.cafe24.com
- **호스팅KR:** hosting.kr
- **가비아:** dns.gabia.com

하면 된다! ⎬ 나만의 커스텀 도메인 연결하기

도메인을 구입했다면 이제 우피에 등록하면 됩니다. 저를 따라 커스텀 도메인을 연결해 보세요.

1. 우피 관리 페이지의 오른쪽 가장 위에 있는 [홈 🏠]을 클릭한 후 스크롤을 내려 [커스텀 도메인 연결]을 클릭하고 구입한 도메인을 입력합니다.

2. 도메인을 입력하면 다음과 같은 설정 창이 나타납니다. 도메인을 어디에서 구입했는지에 따라 설정값이 달라져요. 구입한 홈페이지에 로그인한 후 설정값을 입력하고 [추가했어요!]를 클릭하면 완료됩니다. 내가 구입한 도메인을 웹에서 접속하면 내 포트폴리오가 나타나는 것을 볼 수 있습니다.

도메인 웹 사이트에 입력할 설정값을 확인하는 화면

하위 페이지 URL을 정돈할 수는 없나요?

만약 여러분의 메인 포트폴리오 안에 세부 페이지가 있다면 이 세부 페이지의 URL은 전과 같이 복잡한 문자로 돼 있을 거예요. 이는 포트폴리오의 메인 페이지만 연결돼 있기 때문에 나타나는 현상이랍니다.

우피에 연결한 포트폴리오의 URL

세부 페이지로 이동한 후 URL이 바뀐 화면

[클린 URL] 서비스를 이용하면 이런 긴 URL을 짧고 의미 있는 단어로 수정할수 있어요. 우피 관리 화면의 오른쪽에 있는 [클린 URL 🔗]을 클릭한 후 연결할 노션 세부 페이지의 링크를 입력하세요. 이어서 URL을 입력한 다음 [클린URL 생성]을 누르면 됩니다.

[클린 URL] 기능으로 깔끔해진 세부 페이지 URL

우피에는 이런 기능도 있어요 — 플러그인 기능

이외에도 우피는 다양한 기능을 지원합니다. 그중 대표적인 기능을 하나씩 살펴볼까요? 관리 화면의 오른쪽에 있는 [플러그인 🔧]을 클릭합니다

플러그인은 '어느 특정한 서비스에 설치해서 추가로 사용할 수 있는 서브 기능'을 말해요. 다른 서비스를 연결해 사용하는 기능이므로 해당 기능의 계정에 회원 가입해야 사용할 수 있습니다. 이 중 포트폴리오 페이지에 추천할 만한 3가지 플러그인을 소개합니다.

❶ 구글 애널리틱스: 웹에서 가장 널리 사용되는 방문자 추적 도구예요. 언제, 어디서, 누가(성별/연령대), 어떤 기기(컴퓨터/모바일)로 내 페이지에 접속했는지를 상세하게 추적할 수 있어요.

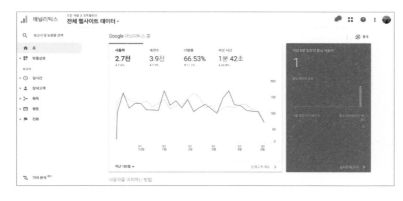

❷ 채널톡: 채팅을 통해 각종 문의를 받을 수 있는 서비스예요. 포트폴리오에 연결해 두면 나에 대해 좀 더 알고 싶은 사람이 문의를 쉽게 남길 수 있겠죠?

❸ Kakao 채널: 카카오톡 채널을 가지고 있는 프리랜서라면 우피에도 해당 채널을 연결할 수 있어요.

노션 페이지에 몇 명이 들어왔는지 확인하기

우피는 방문자 추적 기능도 제공해요. 관리 화면 메인 페이지에 있는 [페이지뷰 차트 📊]를 누르면 최근 30일간 내 포트폴리오 중 어떤 페이지를 많이 클릭했는지 실시간 으로 확인할 수 있습니다.

04

노션으로 자기 관리하기

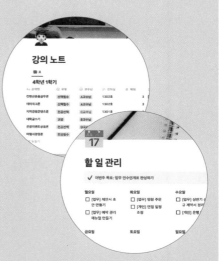

앞에서 노션을 이용해 포트폴리오를 제작하는 방법을 알아봤는데요. 이외에도 노션의 활용 방법은 무궁무진합니다. 4장에서는 자기 관리용 대시보드, 할 일 관리, 습관 관리, 영화 감상 기록 관리 등과 같은 페이지를 만들어 볼게요.

✦ **완성 예제 링크** bit.ly/easys-notion-3

　　　　　　　　 bit.ly/easys-notion-9

04-1

메인 대시보드 만들기

다슬's 대시보드

개인
📅 할 일 관리
🖌 습관 관리

기록
🎬 영화
📚 책
💼 계정 관리

학교
👨‍🏫 수업 준비
🎙 강의 노트

✓ 이번 달의 목표
평일 아침 6시 기상

📅 캘린더 보기
캘린더
2023년 5월   ‹ 오늘 ›

앞으로 만들 세부 페이지를 모아 놓을 대시보드 페이지를 만들어 볼 거예요. 페이지를 단으로 구성해 보기 좋게 정리하고 한 달의 일정을 한눈에 확인할 수 있도록 캘린더를 넣어 보겠습니다.

❖ 사용한 블록
[데이터베이스 - 캘린더 보기],
[콜아웃], [구분선], [이미지]

❖ 완성 예제 링크
bit.ly/easys-notion-2

하면 된다! ⟩ 대시보드 상단을 3단으로 만들기

대시보드를 직접 만들어 볼까요? 각 세부 페이지의 이름, 활용 용도 등은 자유롭게 변형해도 좋아요. 여러분만의 대시보드를 만들어 보세요.

1. 왼쪽 사이드 바에 있는 [+페이지 추가]를 눌러 개인 대시보드가 될 빈 페이지를 만들어 주세요.

▶ 사이드 바의 맨 아래에 있는 [+새 페이지]를 눌러도 빈 페이지가 나타납니다.

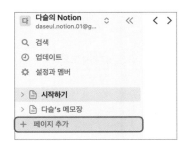

2. 페이지 제목을 입력한 후 [빈 페이지]를 누릅니다. 페이지 제목 위에 마우스 커서를 올리면 [아이콘 추가]가 나타나는데, 클릭한 후 원하는 아이콘을 추가해 예쁘게 꾸며 보세요. 기본으로 노션 내의 아이콘이 랜덤으로 선택되는데, 원하는 아이콘으로 바꾸려면 아이콘을 직접 클릭해서 선택하거나 소유하고 있는 이미지를 업로드하면 됩니다.

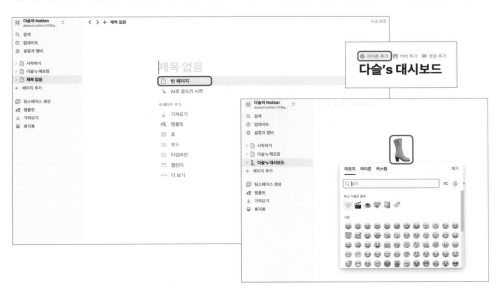

3. 대시보드의 메인에 들어갈 이미지를 넣어 볼까요? 준비된 이미지가 없다면 언스플래시나 지피(GIPHY) 사이트에서 마음에 드는 이미지를 찾아 추가해도 좋아요. 페이지의 본문 부분에 마우스 커서를 올려 놓은 후 /image를 입력하세요. [Unsplash] 또는 [GIPHY]를 눌러 마음에 드는 이미지를 찾아 추가하세요.

4. 이번에는 각 세부 페이지를 만들 차례예요. 여러분에게는 어떤 페이지가 필요한가요? 관리 용도로 넣을 수 있는 페이지에는 할 일 관리, 습관 관리가 있고, 기록 용도로 넣을 수 있는 페이지에는 책, 영화, 계정 관리가 있어요. 학교에 다닌다면 수업 준비와 강의 노트 페이지를 넣어도 좋겠죠? 먼저 넣고 싶은 항목과 페이지의 이름을 이미지 아래에 적어 보세요.

5. 페이지로 만들 글자들을 드래그해 선택합니다. 마우스 오른쪽 버튼을 누른 후 [전환 → 페이지]를 선택하세요. 한 번에 모두 개별 페이지로 바뀝니다.

일일이 클릭해 개별 페이지로
잘 연결되는지 확인해 보세요.

6. 페이지의 앞쪽에 빈 페이지 아이콘 🗋이 자동으로 생기는데, 이 부분을 클릭하면 내가 원하는 아이콘으로 바꿀 수 있습니다.

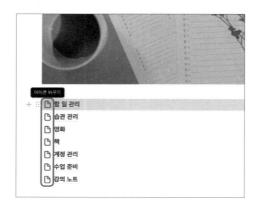 

7. 개인, 학교, 기록 등과 같이 구분하는 항목은 좀 더 강조하는 것이 좋아요. 항목을 드래그한 후 마우스 오른쪽 버튼을 눌러 [전환 → 제목2]로 설정하세요. 앞에서 페이지 이름을 한 번에 드래그해 개별 페이지로 바꾼 것과 같은 방법이에요.

 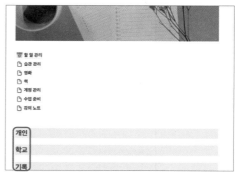

8. 페이지를 깔끔하게 정리하기 위해 세부 페이지를 각 항목 밑으로 이동해 볼게요. 이동하고자 하는 블록 위에 마우스 커서를 올려 놓으면 ⣿ 아이콘이 나타납니다. 이 아이콘을 마우스로 클릭한 후 원하는 위치로 드래그해 배치하세요.

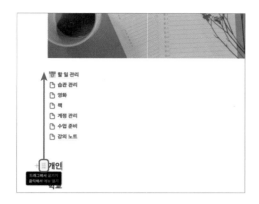
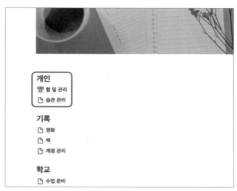

9. 메인 이미지와 페이지 목록이 단으로 정렬되는 것이 좋겠네요. [개인] 항목 옆에 [기록] 항목이 오도록 2단 구성으로 바꿔 볼까요?

먼저 [기록] 항목과 세부 페이지를 모두 드래그해 선택하세요. ⠿ 아이콘을 클릭한 채로 마우스 커서를 [개인] 항목의 오른쪽으로 이동하세요. [개인]이라는 글자의 오른쪽에 파란색 세로 선이 생기면서 위치를 미리 보여 줍니다. 마우스에서 손을 떼면 블록들이 옮겨져요.

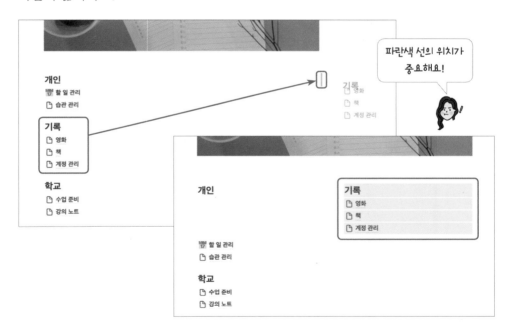

파란색 선의 위치가 중요해요!

10. [개인] 항목 블록의 하위 페이지인 [할 일 관리], [습관 관리] 블록도 이와 동일한 방법으로 드래그해 이동해 주세요.

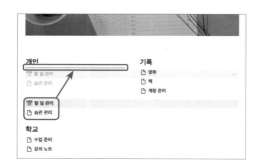

11. 이번에는 맨 위에 넣어 둔 이미지를 [개인] 항목의 왼쪽에 붙여 3단 구성으로 바꿔 볼게요. 이미지의 ⠿ 아이콘을 누른 채 드래그해 [개인] 항목 블록의 왼쪽에 두고, 파란색 선이 나타났을 때 마우스에서 손을 뗍니다.

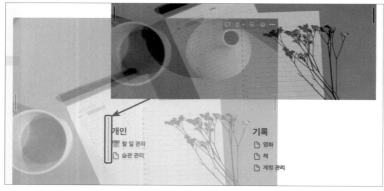

▶ [개인] 항목의 세부 페이지를 [개인] 항목의 하위 단계로 뒀기 때문에 단이 적용돼 있어요. [개인] 항목뿐만 아니라 각 세부 페이지에도 파란 선이 함께 나타난 이유는 바로 이 때문입니다.

12. 남은 [학교] 항목도 깔끔하게 보이도록 [개인] 항목의 밑으로 드래그해 이동해 주세요.

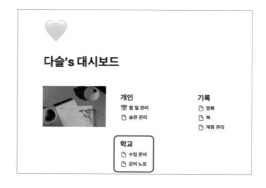

하면 된다! } 대시보드 깔끔하게 정리하기

대시보드를 나만의 감성이 묻어나도록 꾸며 보세요. 구분선을 넣어 항목을 정리하고 아이콘을 추가해 주제를 한눈에 알 수 있게 표현하면 훨씬 보기 좋은 페이지로 만들 수 있어요.

1. 각 항목 밑에 구분선을 넣어 주면 한 결 깔끔해져요. 페이지의 빈 곳에 마우스 커서를 올려 놓고 [/]를 눌러 [구분선]을 선택하세요. 단축키로 빠르게 입력하고 싶다면 키보드의 [-]을 연속으로 3번 누르면 됩니다.

2. 만들어진 구분선은 [Alt]를 누른 채로 ⦂⦂ 아이콘을 드래그해 각 항목 아래로 복사하세요.

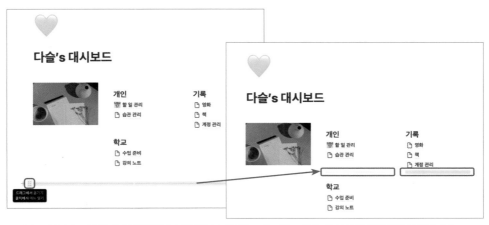

▶ 기존 구분선을 선택한 후 [Alt]〔맥은 [Option]〕를 누른 채 드래그해 보세요. 구분선이 간단하게 복사됩니다.

3. 아직 아이콘을 지정하지 않은 페이지가 남아 있다면 주제에 어울리는 아이콘으로 바꿔 주세요.

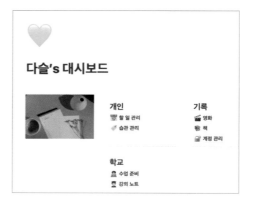

4. 대시보드에 이번 달에 꼭 이루고 싶은 목표를 적어 두면 페이지에 들어올 때마다 마음을 다잡을 수 있지 않을까요? 예를 들어 아침형 인간이 되고 싶다면 이번 달의 목표를 '6시 기상'이라고 적는 거예요. 마침 [기록] 항목 옆이 비어 있으니 이곳에 목표를 적으면 되겠네요. 빈 곳에 마우스 커서를 올려 놓은 후 키보드의 ⁄ 를 눌러 [콜아웃]을 선택하세요. 단축 명령어는 /callout입니다.

5. 콜아웃 입력란 왼쪽에는 기본적으로 전구 아이콘 💡이 나타나는데, 이 아이콘을 클릭하면 원하는 아이콘으로 변경할 수 있습니다. 마음에 드는 아이콘으로 바꾼 후 내용을 입력하세요. 콜아웃을 활용하니 이번 달의 목표가 한층 강조돼 보이죠?

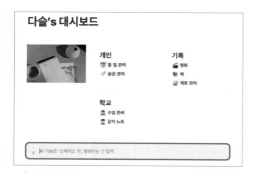 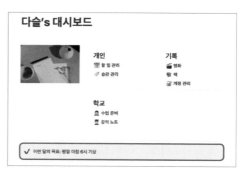

▶ [콜아웃] 블록 안에서 줄 바꿈을 하고 싶을 때는 Shift + Enter 를 누르세요.

특정 글자를 강조하려면 어떻게 해야 하나요?

콜아웃 안에서도 특히 강조하고 싶은 텍스트가 있다면 [굵게 처리], [기울임꼴로 표시], [밑줄], [글자색], [배경색], [코드로 표기] 등 서식을 설정하면 됩니다. 강조하려는 텍스트를 드래그해 선택하면 나타나는 팝업 창에서 원하는 효과를 선택해 보세요. [코드로 표기]를 누르면 기본적으로 회색 바탕에 붉은 글씨가 적용되는데, 이는 [글자색]과 중복으로 적용할 수 있습니다. [코드로 표기]가 적용된 텍스트를 한 번 더 드래그한 후 [글자색]을 선택해 보세요.

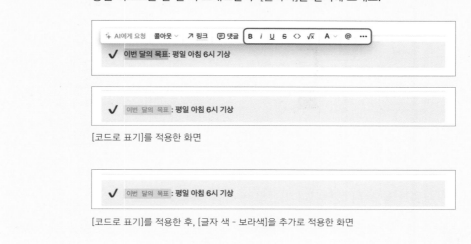

[코드로 표기]를 적용한 화면

[코드로 표기]를 적용한 후, [글자 색 - 보라색]을 추가로 적용한 화면

6. 텍스트 강조까지 마쳤다면 콜아웃 블록을 [기록] 항목 밑으로 옮겨 완성하세요.

7. 가장 아래쪽에 캘린더를 추가해 볼까요? ⎚를 누르고 [데이터베이스 - 캘린더 보기]를 선택하세요. 팝업 창이 나타나면 [+ 새 데이터베이스 생성]을 눌러 새 캘린더를 만듭니다.

8. [제목 없음]을 눌러 캘린더의 이름도 바꿔 보세요.

2단으로 설정한 부분 아래는 다시 1단으로 바꾸고 싶어요!

단을 설정하고 ⎚Enter⎚를 누르면 직전에 사용하던 단이 이어집니다. 기존 단에 이어서 작성한다는 의미이기 때문이에요. 단 아래로는 단을 해제하고 싶다면 일단 블록을 만든 후 ⣿ 아이콘을 누른 채 드래그해 이동하면 돼요. 블록을 만든 후 드래그해 아래로 내리면 다음 화면과 같이 페이지 전체 길이만큼의 파란색 선이 나타나는데, 이 때 마우스에서 손을 떼면 단이 해제됩니다.

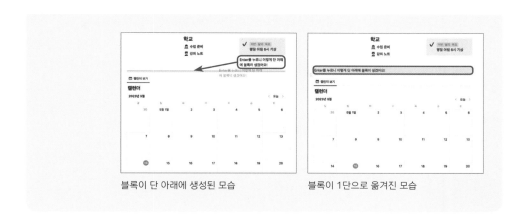

블록이 단 아래에 생성된 모습   블록이 1단으로 옮겨진 모습

하면 된다! 〉 캘린더에 일정 추가하기

이번에는 가장 마지막에 만든 캘린더에 일정을 추가해 볼까요? 월간 다이어리에 일
정을 기입하는 것처럼 일정을 한눈에 정리할 수 있어 편리할 거예요. 손으로 쓰는 다
이어리와 달리, 각 일정을 클릭하면 세부 페이지로 이동해 자세한 정보도 넣을 수 있
어요.

1. 캘린더에서 원하는 날짜에 마우스 커서를 올려 놓으면 왼쪽 위에 나타나는 ⊞ 아
이콘을 클릭하세요.

2. 일정을 입력할 수 있는 창이 나타납니다. 맨 위 타이틀에는 일정의 내용을 입력하면 돼요. 임의로 A사 서류 마감이라는 일정을 입력하세요. 기본으로 설정돼 있는 [날짜]를 클릭하면 [종료일], [시간 포함] 등 좀 더 세부적인 설정값이 나타납니다. [시간 포함]을 활성화해 시간도 함께 입력해 보세요.

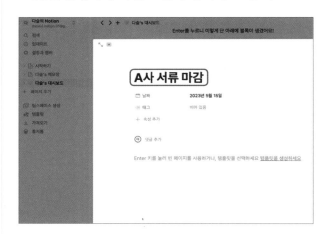

3. 일정에 태그를 넣어 분류하면 어떤 일정인지 한눈에 보기 편해져요. [태그] 항목의 [비어 있음]을 클릭한 후 [취업], [학교], [취미] 등 분류하고 싶은 태그를 작성하세요.

4. 빈 곳을 눌러 창을 빠져나오면 캘린더에 일정이 입력된 것을 확인할 수 있어요.

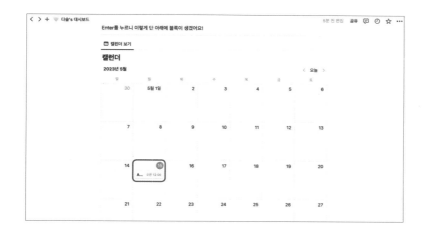

일정에서 설정한 태그는 어떻게 활용하나요?

캘린더에 일정의 [속성]을 나타낼 수 있습니다. 캘린더 위에 마우스 커서를 올려 놓으면 나타나는 ⋯ 아이콘을 눌러 [속성]을 선택하세요.

그중 [태그]의 눈 모양 아이콘 👁을 클릭하면 방금 전 추가한 태그가 캘린더에 나타나요.

일정에 태그도 함께 나타납니다!

04-2

할 일 관리 페이지 만들기

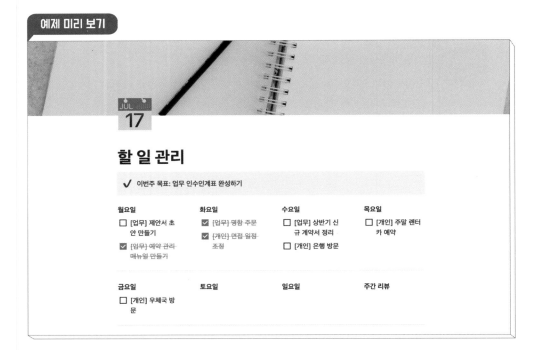

이번에는 각 세부 페이지를 함께 만들어 볼 거예요. 가장 기본이 되는 할 일 관리 페이지부터 만들어 볼까요? 할 일 관리 페이지의 포인트는 할 일 하나를 하나의 블록으로 작성하는 것이에요. 오늘 할 일이 너무 많아 모두 끝내지 못하고 내일로 미룬 경험이 있죠? 이럴 때를 대비해 언제든지 할 일 텍스트를 드래그해서 다른 날로 옮길 수 있도록 블록으로 관리하는 것이 좋아요.

❖ 사용한 블록
  [텍스트], [할 일 목록], [콜아웃]

❖ 완성 예제 링크
  bit.ly/easys-notion-3

하면 된다! } 할 일 관리 페이지 만들기

업무나 학업을 할 때 할 일을 나열해 두면 까먹지 않고 일정에 맞춰 수행할 수 있어요. 요일별로 해야 할 일을 정리할 수 있는 할 일 관리 페이지를 만들어 볼게요.

1. 개인 대시보드에서 만들어 둔 [할 일 관리] 페이지를 클릭한 후 아이콘과 커버 사진을 지정하세요.

▶ 완성 예제에서는 달력 아이콘과 언스플래시의 다이어리 사진을 가져와 넣었어요.

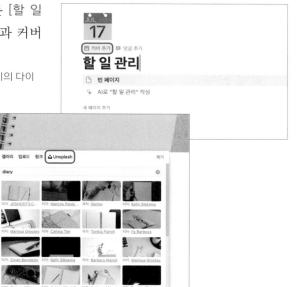

2. [Enter]를 누르거나 화면에서 [빈 페이지]를 눌러 페이지를 비우세요. 가장 위에는 대시보드와 마찬가지로 이번 주의 목표를 적는 공간을 만들어요. [/]를 누른 후 [콜아웃]을 선택하고 목표를 작성해요. 아이콘도 원하는 것으로 변경합니다.

3. 틀을 일주일 단위로 만들 차례예요. 할 일을 이동하기 쉽도록 [데이터베이스] 블록을 사용하지 않고 [텍스트] 블록만 이용해 틀을 만들겠습니다. 월요일부터 일요일까지 7개 텍스트를 입력한 후 주간 리뷰 텍스트를 추가로 입력하세요. 모두 입력했다면 각 요일 아래에 들어갈 할 일 텍스트 블록과 구분하기 위해 [굵게 처리], [배경색] 등을 설정합니다.

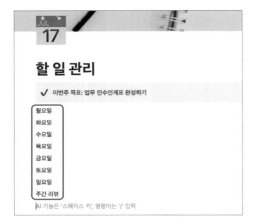

▶ 단축키: Ctrl + B

블록 전체가 아닌 텍스트 일부분에만 배경색을 넣을 순 없나요?

[굵게 처리], [밑줄], [취소선 처리], [글자색] 등은 텍스트에만 영향을 미치는 기능이기 때문에 블록 전체를 드래그해도 텍스트에만 적용됩니다. 하지만 [배경색]은 달라요. 블록 전체가 텍스트의 배경이 되기 때문에 블록 전체를 포함해서 드래그하면 배경색이 전체에 적용됩니다. 글자에만 색상을 넣으려면 글자만 드래그해 설정해야 합니다.

블록 전체에 배경색이 들어간 모습

글자를 드래그해 색상을 적용하는 모습

일일이 드래그해 적용하려니 조금 번거롭죠? [최근 사용] 단축키를 활용하면 시간을 조금 단축할 수 있습니다. 먼저 서식을 적용할 첫 번째 블록의 글자만 드래그한 후 원하는 배경색을 선택하세요. 다음 블록부터는 글자만 드래그한 후 Ctrl + Shift + H 를 누르면 방금 선택한 배경색이 똑같이 적용됩니다.

4. 한눈에 보기 편리하도록 페이지를 4단으로 구성할 거예요. 요일 블록에 마우스 커서를 올려 놓은 후 ⠿ 아이콘을 누른 채 다른 블록의 오른쪽으로 드래그하면 다음과 같이 파란색 선이 나타나요. 이 상태에서 마우스에서 손을 떼면 2단 구성이 됩니다. 이와 같은 방법으로 4단 구성을 해보세요.

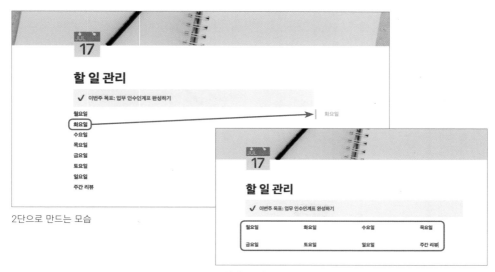

2단으로 만드는 모습

요일별로 4단으로 만든 모습

5. 이제 각 요일별로 할 일을 입력할 차례예요. 만들어 둔 요일 텍스트에 마우스 커서를 올려 놓고 Enter 를 누르면 아래에 새로운 블록을 입력할 수 있는 공간이 생겨요. / 를 누른 후 [할 일 목록]을 선택하고 해야 할 일을 입력해 보세요.

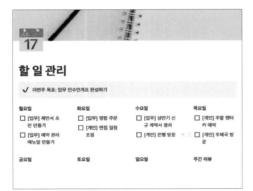 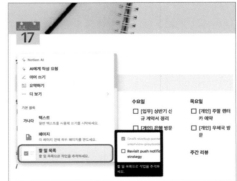

▶ ⎡, ⎤, Spacebar를 차례로 누르면 [할 일 목록] 블록을 넣을 수 있습니다.

6. 일을 마친 후 체크 표시를 누르면 체크박스는 파란색, 글자는 회색으로 바뀌면서 취소선이 생겨요. 할 일의 마감일을 조정하고 싶다면 해당하는 블록의 ⠿ 아이콘을 누른 채 원하는 요일로 드래그하면 됩니다.

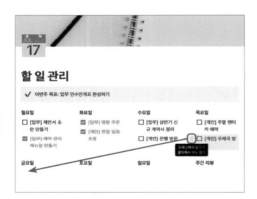 

7. 구분선을 추가하면 좀 더 깔끔해져요.

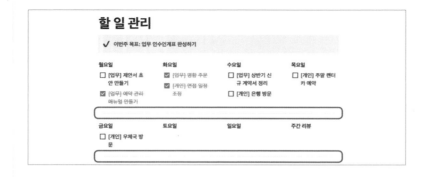

지난 일정은 어떻게 관리하나요?

페이지 아래에 '지난 할 일 저장소'라는 별도의 세부 페이지를 만들어 관리할 수 있어요. 지난 할 일의 [텍스트] 블록을 그대로 이 세부 페이지에 드래그해 옮겨 담는 것이죠. 옮겨 담으면 이 페이지 안에 텍스트가 차곡차곡 쌓이므로 세부 페이지 안에서 화면을 별도로 구성해 이 할 일이 언제의 일이었는지 구분하는 것이 좋아요.

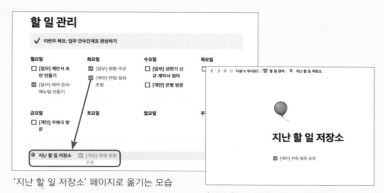

'지난 할 일 저장소' 페이지로 옮기는 모습

'지난 할 일 저장소' 페이지로 옮겨진 모습

실수로 '지난 할 일 저장소'에 다른 일정을 옮겨버렸다고요? 다시 되돌릴 수 있으니 괜찮아요. 잘못 옮긴 블록에 마우스 커서를 올려 놓은 후 왼쪽에 나타나는 ⠿ 아이콘을 클릭해 블록을 선택하세요. Ctrl + X 를 누른 후 다시 원래의 페이지로 돌아가 Ctrl + V 를 누르세요. 블록이 원래대로 다시 돌아옵니다.

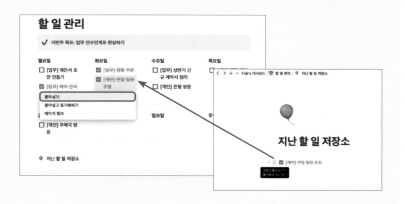

하면 된다! 〉 [새로운 한 주] 템플릿 만들기

지금 만든 페이지를 템플릿으로 저장해 볼까요? [월요일]~[일요일] 항목을 템플릿으로 만들어 두면 클릭 한 번으로 편하게 추가할 수 있어요.

1. 페이지의 빈 곳에서 ⟮/⟯를 누른 후 [고급 블록 - 버튼]을 선택하거나 /버튼을 입력합니다.

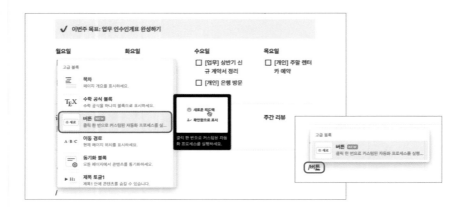

2. 텍스트 블록을 삽입할 것이니 [블록 삽입]을 누르세요.

3. 다음과 같은 화면이 나타났나요? 지금 만드는 버튼은 눌렀을 때 템플릿을 복제한다고 생각하면 돼요. 버튼 이름을 새로운 한 주로 지정해 주세요. 이제 새로 지정한 이름으로 페이지에 표시될 거예요.

버튼 구성 창이 나타난 모습

4. 템플릿 칸을 구성할 차례예요. 우선 할 일 목록을 모두 지워 주세요. 깨끗하게 지운 블록 전체를 마우스로 드래그한 후 템플릿 칸으로 옮기세요.

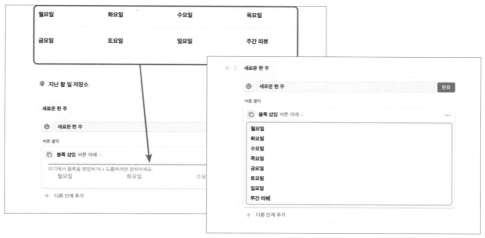

▶ 템플릿으로 넣을 블록이 파란색으로 표시됩니다. 원하는 블록이 모두 들어가도록 드래그해 넣으세요.

5. [완료]를 눌러 설정을 마치세요. 우리가 만든 [새로운 한 주]라는 템플릿 버튼이 생깁니다.

6. 버튼을 클릭하면 설정해 놓은 블록들이 생성됩니다. 단, 조금 전 설정했던 4단 구성은 템플릿에 적용되지 않아요. 각 블록이 일렬로 나열되기 때문에 단은 새로 설정해야 해요.

04-3

습관 관리 페이지 만들기

습관 관리

⊞ 표 +   필터 정렬 Q ⤢ …   새로 만들기 ∨

리스트 …

Aa 메모	📅 날짜	☑ 아침 공복에 영양제	☑ 감사 일기 작성	☑ 명상 10분	☑ 산책 20분	+ …
	2023년 9월 1일	☑	☑	☑	☑	
	2023년 9월 2일	☐	☑	☑	☑	
	2023년 9월 3일	☐	☑	☐	☐	
	2023년 9월 4일	☐	☑	☐	☐	
	2023년 9월 5일	☑	☑	☑	☑	
	2023년 9월 6일	☐	☐	☐	☑	
	2023년 9월 7일	☑	☑	☑	☑	

+ 새로 만들기

계산 ∨   체크 표시됨 **42.857%** 체크 표시됨 **85.714%** 체크 표시됨 **57.143%** 표시됨 **71.429%**

이번에는 [텍스트] 블록이 아니라 [데이터베이스]를 활용해 세부 페이지를 만들어 봐요. 함께 만들어 볼 페이지는 습관 관리 페이지입니다.

❖ 사용한 블록
   [데이터베이스 - 표 보기]
❖ 완성 예제 링크
   bit.ly/easys-notion-4

하면 된다! ﹜ 습관 관리 페이지 만들기

습관으로 만들고 싶은 행동을 정리해 두면 노션 페이지에 들어올 때마다 볼 수 있어 상기시키기 좋아요. 습관 관리를 위한 페이지를 만들어 볼게요.

1. 개인 대시보드 페이지에 만들어 둔 [습관 관리] 페이지를 클릭한 후 아이콘과 커버 사진을 지정하세요.

▶ 아이콘과 커버 사진을 지정하는 과정은 28쪽을 참고하세요.

2. 빈 페이지에서 키보드의 `/`를 누른 후 데이터베이스 중 [표 보기 → 새 데이터베이스 생성]을 클릭해 새로운 데이터베이스를 불러옵니다.

3. 제목에는 데이터베이스의 이름을 입력하고 [이름] 항목을 눌러 메모로 변경합니다.

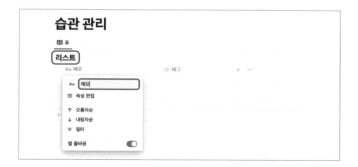

4. 두 번째 열의 [태그]를 클릭해 제목에 날짜를 입력한 후 유형을 [📅 날짜]로 바꿉니다.

5. [날짜] 열의 오른쪽에 마우스 커서를 올려 놓은 후 ⊞ 아이콘을 누르면 새로운 열
이 추가됩니다. [새 속성 검색 혹은 추가]에는 관리하고 싶은 습관을 적은 후 유형을
[☑ 체크박스]로 변경합니다.

6. 열의 너비를 드래그해 조절한 후 지키고 싶은 습관을 모두 추가합니다.

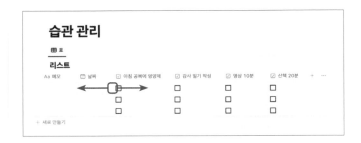

첫 번째 열은 없앨 수 없나요?

첫 번째 열은 삭제하거나 숨길 수 없어요. [데이터베이스]는 기본적으로 행 하나가 하나의 페이지로 보이는 구조이며, 첫 번째 열의 내용이 페이지의 이름이 되기 때문에 삭제할 수 없습니다. 이번 실습에서는 각 날짜별로 추가 메모를 입력할 수 있는 공간으로 사용해요.

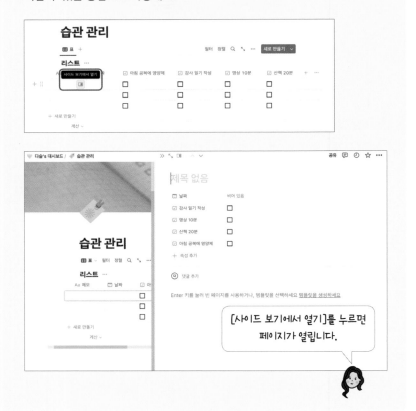

[사이드 보기에서 열기]를 누르면 페이지가 열립니다.

7. 그럼 습관 관리를 시작해 볼까요? [날짜] 열에 오늘의 날짜를 적고 습관을 수행한 후 체크 표시하세요. 아래쪽에 있는 [+ 새로 만들기]를 클릭하면 날짜를 계속 추가할 수 있어요.

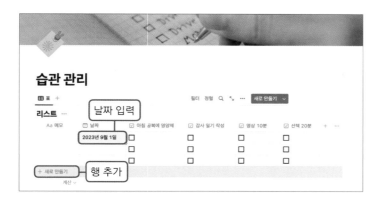

 습관별 달성률은 어떻게 확인하나요?

습관 관리 열의 아래쪽에 마우스 커서를 올려 놓으면 [계산] 필드가 나타나요. [체크 표시됨], [체크 표시되지 않음] 등을 계산할 수 있어서 습관별 달성률을 쉽게 확인할 수 있답니다.

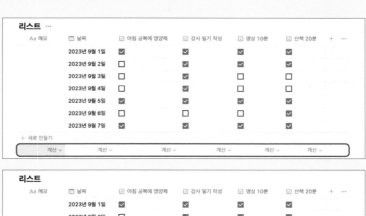

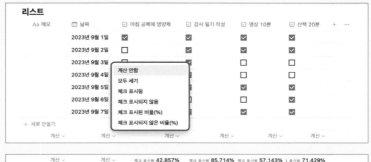

하면 된다! ⟩ [+ 새로 만들기]를 누르면 날짜가 자동으로 추가되도록 하기

[날짜] 열의 속성을 [수식]으로 변경해 엑셀처럼 함수를 적용하면 행을 추가했을 때 날짜가 자동으로 입력되게 할 수 있어요.

1. 조금 전에 만든 데이터베이스에서 ⊞ 아이콘을 눌러 [⊙ 생성 일시] 속성을 추가하세요.

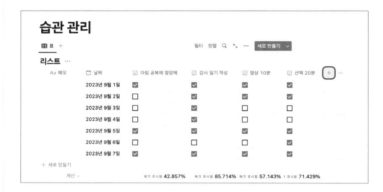

2. [날짜] 열을 눌러 [속성 편집]을 선택하고 속성 유형을 [∑ 수식]으로 변경하세요.

3. 속성 유형 아래에 있는 수식 [편집]을 누르고 다음과 같이 수식을 입력한 후 [완료]를 누릅니다.

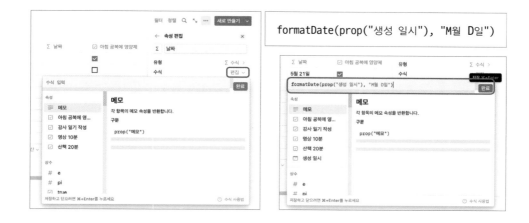

```
formatDate(prop("생성 일시"), "M월 D일")
```

4. 날짜를 적용하기 위해 추가로 만든 [생성 일시]를 숨겨줄 차례입니다. [생성 일시]를 눌러 [보기에서 숨기기]를 클릭하세요.

5. [+ 새로 만들기]를 눌러 보세요. [날짜] 열에 날짜가 자동으로 채워지면서 행이 생성됩니다.

어떤 수식을 입력한 건가요?

formatDate는 날짜 보기 형식을 지정하는 함수입니다. 이 함수를 사용하기 위해서는 기준이 되는 속성이 필요해요. 그래서 [생성 일시] 속성의 열을 추가로 만든 후 [날짜] 열에서 formatDate 함수의 속성으로 사용한 것이죠. 이 열은 함수에서 사용할 기준일 뿐, 실제로 데이터를 입력하는 용도가 아니기 때문에 마지막에 열 숨김 작업까지 했어요.

```
formatDate(prop("열"), "M월 D일")
```

즉, formatDate 함수는 [생성 일시] 열을 기준으로 함수를 입력한 곳에 'M월 D일'이라는 형식으로 보여 주라는 뜻입니다. 그래서 데이터베이스에서 [+ 새로 만들기]를 클릭한 시점의 날짜가 나타나는 것이죠. 보기 형식을 바꾸고 싶다면 "M월 D일" 부분을 지운 후 원하는 형식을 입력하고 Ctrl + Enter 를 눌러 저장하면 됩니다.

[날짜 보기 형식의 종류]
- M월 D일 → 8월 1일
- Y년 M월 D일 → 2023년 8월 1일
- Y/M/D → 2023/8/1

04-4

독서, 영화 감상 기록 페이지 만들기

이번에는 독서와 영화 감상을 기록하는 페이지를 만들어 보기로 해요. 갤러리는 각 기록을 카드처럼 이미지화해 보여 주기 때문에 책의 표지나 영화의 스틸 컷을 담아서 예쁘게 정리할 때 안성맞춤이에요.

❖ 사용한 블록
   [데이터베이스 - 갤러리 보기]
❖ 완성 예제 링크 — 영화
   bit.ly/easys-notion-5

❖ 완성 예제 링크 — 책
   bit.ly/easys-notion-6

하면 된다! 〉 독서, 영화 기록 페이지 만들기

독서, 영화 기록 페이지를 만들어 두면 내용과 감상을 잊지 않을 수 있어요. 친구들에게 책이나 영화를 추천해 줄 때도 이 페이지를 공유해 주면 좋겠죠?

1. 개인 대시보드 페이지에 만들어 둔 [책] 또는 [영화] 페이지를 클릭합니다. 아이콘과 커버 사진은 본인의 취향대로 설정해 주세요.

▶ 아이콘과 커버 사진을 지정하는 과정은 28쪽을 참고하세요.

2. ⁄ 를 누른 후 데이터베이스 중 [갤러리 보기 → 새 데이터베이스 생성]을 클릭합니다.

3. 제목에 데이터베이스의 이름을 입력하고 첫 번째 카드를 눌러 세부 페이지에 들어갑니다.

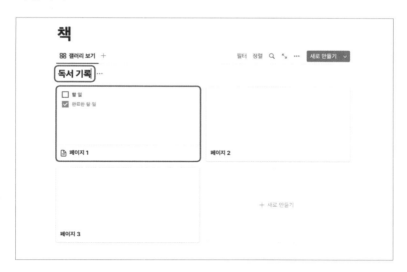

4. 각 카드는 갤러리 데이터베이스의 개별 페이지가 됩니다. [페이지 1]이라고 써 있는 제목에는 기록할 책의 제목을 입력합니다. 그런 다음 자동 생성된 [생성일]을 클릭한 후 [속성 편집]을 선택합니다. 속성 이름으로 기간을 입력하고 유형을 [🗓 날짜]로 바꿉니다.

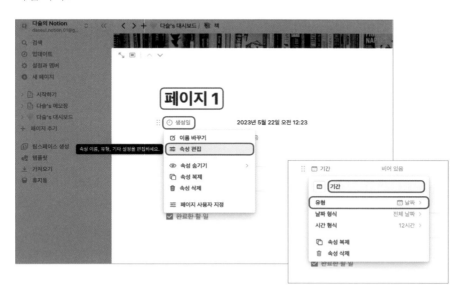

5. [기간] 옆의 날짜 부분을 클릭하세요. 책을 읽기 시작한 날부터 다 읽은 날을 기록하기 위해 [종료일] 설정을 켜고 날짜를 선택합니다.

6. [기간] 아래에 있는 [태그] 속성을 클릭해 속성 이름을 별점으로 바꾼 후 유형을 [⊙ 선택]으로 변경합니다.

7. [별점] 옆에 빈 항목을 선택하면 옵션(태그)을 직접 작성해 추가할 수 있어요. 별을 1~5개까지 차근차근 넣어 보세요.

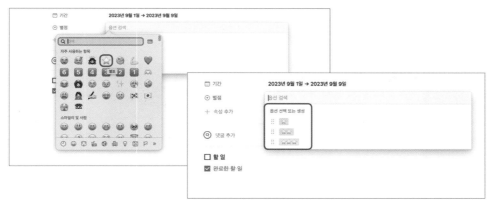

▶ 키보드에서 ⊞ + . 을 누르면 이모지를 넣을 수 있어요. 맥에서는 Command + Control + Spacebar 를 동시에 누르세요.

8. 별점 이외에도 [분야], [작가], [출판사], 해당 도서의 상세 페이지 [바로가기] 등 다양한 속성을 추가할 수 있어요.

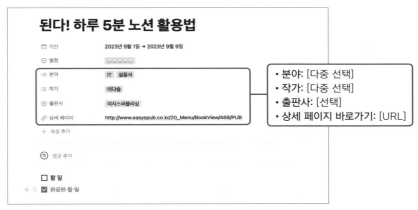

• 분야: [다중 선택]
• 작가: [다중 선택]
• 출판사: [선택]
• 상세 페이지 바로가기: [URL]

▶ 맨 위에 아이콘을 추가하면 [책] 페이지의 카드 제목 옆에도 아이콘이 나타납니다.

[선택]과 [다중 선택]의 차이는 무엇인가요?

[선택]은 하나의 태그만을 선택할 수 있지만 [다중 선택]은 여러 태그를 한 번에 선택할 수 있어요. [별점] 항목은 하나만 선택하면 되니 속성값을 [선택]으로 하면 되지만 [장르] 항목은 'it', '실용서' 등으로 다양하게 분류할 수 있으니 속성값을 [다중 선택]으로 하는 것을 추천해요.

9. 페이지 내부에 기본적으로 있는 [할 일]과 [완료한 할 일] 블록을 삭제한 후 ⌹를 눌러 도서의 표지 이미지를 추가합니다.

데이터베이스 갤러리 카드에 내가 넣은 이미지가 보이지 않아요!

갤러리 카드에 보일 이미지는 '페이지 커버' 혹은 '페이지 내부 콘텐츠 이미지' 중에서 선택할 수 있어요. 우선 데이터베이스 제목 입력란의 오른쪽에 마우스 커서를 올려 놓으면 나타나는 ⋯ 아이콘을 클릭해 [레이아웃]을 선택합니다.

[레이아웃]을 선택하면 다양한 설정 화면이 나타납니다. [카드 미리보기]에서 갤러리에 나타낼 이미지를 선택하거나 [카드 크기]에서 크기를 조절할 수도 있어요.

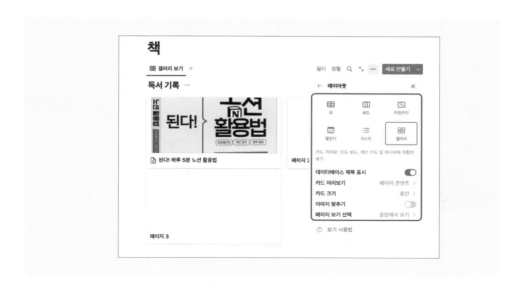

하면 된다! ﹜ 특정 장르의 영화만 골라 보기

친구에게 킬링타임용으로 코미디 영화를 추천하고 싶은데, 내가 어떤 영화를 봤는지 기억이 나지 않을 때가 있었나요? 노션에 영화 감상 리스트를 태그별로 정리해 두면 리스트에서 '코미디' 태그를 단 기록만 찾아볼 수 있답니다.

1. 데이터베이스 제목 입력란 오른쪽에 마우스 커서를 올려 놓으면 나타나는 ⋯ 아이콘을 클릭한 후 [필터]를 선택합니다. 이어서 [필터 추가]를 클릭합니다.

2. 어떤 속성에 필터를 걸 것인지 '필터 기준'을 선택해야 합니다. 코미디 영화만 골라 보고 싶으므로 [장르]를 선택할게요. 이어서 [코미디]를 선택하면 기본값으로 설정된 [값을 포함하는 데이터]가 적용되어 '코미디'라는 태그가 달린 영화만 분류됩니다.

04-5

노션으로 이런 것도 정리할 수 있어요

지금까지 텍스트 블록, 데이터베이스의 2가지 유형을 기본으로 나만의 대시보드를 만들어 봤어요. 이외에도 우리가 생각하는 거의 모든 형태의 자료를 노션으로 정리할 수 있습니다. 개인 대시보드를 마무리하며 3가지 활용 방법을 예시로 소개하려고 합니다. 이 중 여러분에게 필요한 페이지 하나를 골라 만들어 보세요.

예시 1 계정 관리 페이지

사이트별로 이리저리 흩어져 있는 내 계정 정보를 어떻게 관리하고 있나요? 이제부터는 노션 데이터베이스에서 관리해 보세요. [데이터베이스 - 표 보기]를 활용해 각 사이트별 아이디와 비밀번호를 적어 두면 됩니다. [바로 가기] 열을 추가해 [속성]을 [URL]로 선택한 후 해당 사이트의 URL을 입력하면 클릭 한 번으로 이동할 수 있어요.

❖ 완성 예제 링크
bit.ly/easys-notion-7

노션에 기록한 내 계정 정보를 다른 사람이 볼까봐 걱정돼요!

안심하세요! 공유 설정을 하지 않았다면 다른 사람은 볼 수 없어요. 페이지 오른쪽 위에 있는 [공유]를 눌러 페이지를 웹으로 공유할 수 있는 설정이 켜져 있는 것이 아닌지 확인해 보세요. 켜져 있다면 비활성화해 꺼주세요.

계정 관리 페이지의 상위 페이지에서 공유 설정을 끄려고 하면 다음과 같은 안내 문구가 나타날 수 있어요. [액세스 제한]을 누르면 상위 페이지의 공유 링크를 갖고 있는 사람도 이 하위 페이지에는 접근할 수 없게 됩니다.

채용 정보 페이지

취업이나 이직을 준비하고 있나요? 노션을 이용하면 회사별 지원 일정을 간편하게 관리할 수 있어요. 기본 블록인 [텍스트] 블록과 [데이터베이스]를 활용해 나만의 데이터 베이스를 만들어 보세요. 여기서는 [데이터베이스 - 표 보기]를 활용해 각 회사별로 지원 상태, 마감일, 직무, 회사 홈페이지 URL 열을 만들어 정보를 입력했어요.

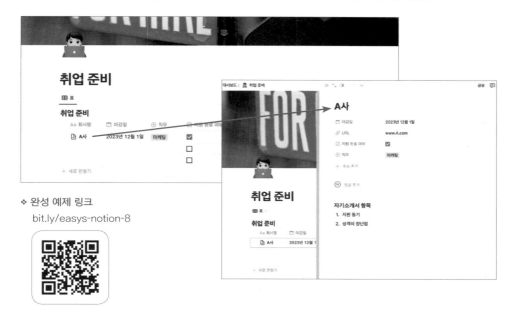

❖ 완성 예제 링크

bit.ly/easys-notion-8

데이터베이스에서 각 행은 하나의 페이지, 첫 번째 열은 해당 페이지의 이름이 된다고 했어요. 회사 이름을 클릭하면 페이지가 열리는데, 이곳에 지원한 내용, 면접 준비 내용, 자료 조사 내용 등을 정리할 수 있어요. 이외에도 우리가 생각하는 거의 모든 자료를 노션으로 정리할 수 있답니다.

하면 된다! ﹜ 회사별 일정을 대시보드 캘린더와 연결하기

지원 마감일, 면접일 등 회사와 관련된 일정이 대시보드의 캘린더에도 보이면 관리하기 쉽겠죠? 노션에서는 [관계형] 속성을 추가해 대시보드 캘린더와 연결할 수 있어요. 앞서 메인 대시보드를 만들 때 'A사 서류 마감'이라는 일정을 캘린더에 입력했던 것을 기억하나요? 이 일정을 연결해 볼게요.

1. 데이터베이스 오른쪽 끝에 있는 ⊞ 아이콘을 눌러 열을 추가합니다.

2. 속성 유형에서 [↗ 관계형]을 선택합니다.

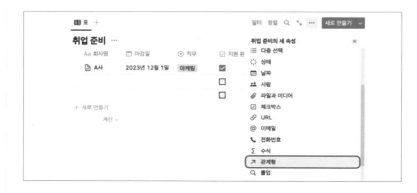

3. 기존에 만들어 둔 데이터베이스의 목록이 나타납니다. 이 중 메인 대시보드의 [캘린더] 데이터베이스를 선택합니다.

4. 세부 속성을 지정합니다. [제한]을 누르면 연결할 페이지 개수를 [1개] 또는 [제한 없음] 중 선택할 수 있습니다. 여기서는 기본값인 [제한 없음]을 선택합니다.

또한 [캘린더에 표시]를 활성화하고 취업 준비 데이터베이스에 항목을 추가하면 그 값이 메인 대시보드의 캘린더에만 표시되도록 할 것인지, 메인 대시보드의 캘린더에서 값을 추가했을 때도 취업 준비 캘린더에 연동해 보여줄 것인지 선택할 수 있습니다. 메인 대시보드에는 취업 준비 일정 외에도 개인 일정 등 다른 유형의 일정도 들어갈 수 있기 때문에 비활성화 상태로 두고 [관계형 추가]를 눌러 설정을 완료합니다.

5. 표에 [캘린더] 열이 추가된 것을 볼 수 있습니다. 항목 아래의 빈 칸을 클릭하면 대시보드 캘린더에 미리 작성해 두었던 일정이 나타납니다. [A사 서류 마감]을 클릭해 연결하세요.

캘린더의 일정을 여러 개 연결하고 싶어요!

A사의 서류 마감일, 1차 면접일 등 A사와 관련된 대시보드 캘린더의 모든 일정을 A사 페이지로 연결할 수 있어요. [캘린더] 항목의 A사 페이지를 클릭한 후 [페이지를 연결하거나 생성하세요]를 클릭해 일정 이름을 검색하면 됩니다. 추가하고 싶은 일정을 클릭하면 돼요.

'A사'를 검색해 여러 일정이 나온 모습

여러 일정을 연결한 모습

최종적으로 연결된 모습은 다음과 같습니다. 대시보드 캘린더의 [A사 서류 마감] 일정, [A사 1차 면접] 일정을 누르면 취업 준비 페이지의 'A사' 페이지가 항목으로 연결된 것을 볼 수 있어요.

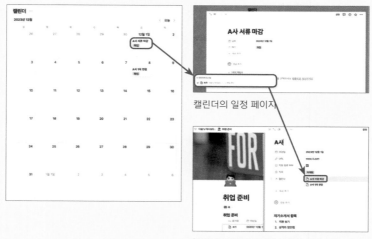

캘린더의 일정 페이지

'취업 준비' 페이지의 'A사' 페이지

예시 3 강의 노트 페이지

학생이라면 이번 페이지에 주목해 주세요. 강의 노트 역시 노션으로 정리하면 편리합니다. 채용 정보 페이지에서 하나의 기업 페이지 안에 해당 기업과 관련된 모든 정보를 저장하고 대시보드의 캘린더에 연결한 것처럼, 하나의 강의 페이지를 만들고 그 안에 강의와 관련된 모든 수업 자료를 넣어 두면 되는 것이죠.

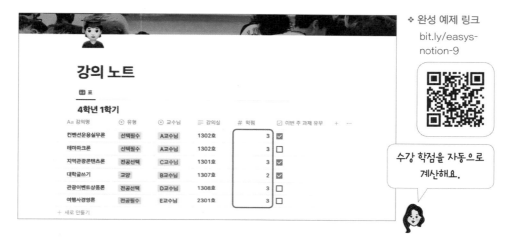

❖ 완성 예제 링크
bit.ly/easys-notion-9

수강 학점을 자동으로 계산해요.

이번에도 [데이터베이스 - 표 보기]를 활용했어요. 과목 유형, 교수님 성함, 강의실, 과제의 유무, 강의계획서 파일 업로드 등을 체크할 수 있습니다. 특히 [학점] 항목을 추가한 후 표 하단의 [계산] 필드를 [합계]로 선택하면 자동으로 집계되기 때문에 내가 이번 학기에 몇 학점을 수강하고 있는지 바로 확인할 수 있어요.

각 과목 페이지 안에는 또 하나의 데이터베이스를 만들어 각 주차별로 이 페이지 안에서 필기할 수도 있어요.

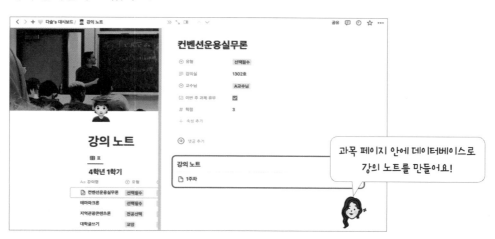

과목 페이지 안에 데이터베이스로 강의 노트를 만들어요!

나만의 데이터베이스 스스로 만들어 보기

앞서 소개한 3가지 예시 중 여러분에게 가장 필요한 데이터베이스는 무엇이었나요? 예시를 참고해 자유롭게 나만의 데이터베이스를 만들어 보세요! 이외에도 운동 기록 관리, 인터넷 강의 수강 기록 관리 등 다양한 페이지를 만들 수 있어요. 여러분만의 개성 넘치는 데이터베이스 페이지를 기대합니다!

05

여러 명이 사용하는
협업 대시보드 만들기

 노션의 또 한 가지 매력은 소규모 팀 프로젝트에서 회사의 고객 데이
터베이스에 이르기까지 하나의
워크스페이스 안에서 여러 사람이 함께
작업할 수 있다는 거예요. 개인이 편집
한 내용이 모두 기록으로 남고, 각 프로
젝트 단계별로 담당자를 멘션해 진척 상
황을 확인할 수도 있어요. 협업 도구로
노션을 200% 활용해 볼까요?

♦ 완성 예제 링크 bit.ly/easys-notion-10

<하루 5분 노션 활용법> 目

✓ 프로젝트 주제: 누구나 쉽게 따라할 수 있는 노션 템플릿 및 도서 제작하기

공지
⚠ 멤버들이 꼭 체크해야 할 공지사항을 기입하는 공간입니다.

하루에 한 번씩 대시보드 체크하기!

데이터베이스   회의록
🗂 자료 데이터베이스   📋 회의록

🗂 보드 보기 +
프로젝트 타임라인 …

05-1

협업 워크스페이스 만들고 팀원 초대하기

협업에 필요한 최소한의 요금제

1장에서 설명했듯이 노션을 협업 도구로 사용하기 위해서는 최소 [플러스 요금제] 이상의 요금제를 선택해야 합니다. [개인 요금제]로는 초대할 수 있는 게스트가 최대 10명이고, 파일 업로드도 5MB까지로 제한되기 때문이에요. 학교 이메일 계정을 사용한다면 [플러스 요금제]를 무료로 사용할 수 있습니다(팀원 1명 제한).

▶ 요금제는 계정별이 아니라 워크스페이스별로 적용됩니다.

협업 워크스페이스를 준비할 때 자주 묻는 질문

협업 워크스페이스를 사용할 때 어떤 요금제를 사용하는 것이 가장 유리할지 궁금하죠? 제가 듣는 몇 가지 질문을 정리해 봤어요.

Q 개인 용도로 사용하던 노션 계정을 협업 용도로도 사용할 수 있나요?
A 네, 물론입니다. 협업 용도로 사용할 워크스페이스를 하나 더 추가하면 됩니다. 워크스페이스 간에는 서로 영향을 받지 않기 때문에 완전히 분리된 공간으로 사용할 수 있어요.

Q [플러스 요금제]와 [비즈니스 요금제] 중에서 어떤 걸 사용할지 고민이에요.

A 두 요금제의 가장 큰 차이는 메인 대시보드 페이지의 사용 여부입니다. 만약 워크스페이스 아래에 대시보드 페이지를 만들고, 그 안에 하위 페이지를 작성하는 방식으로 프로젝트를 관리한다면 [플러스 요금제]도 충분해요. [플러스 요금제]를 사용하면 워크스페이스 안 하나의 페이지에 한정되긴 하지만 팀원을 무제한으로 추가할 수 있기 때문이에요.

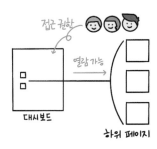

따라서 [플러스 요금제]로 협업하려면 메인 대시보드에 접근 권한을 설정하고, 그 안에 세부 페이지를 만들어 작업하거나 각 페이지에서 접근 권한을 설정하면 됩니다.

Q 팀원 모두가 [플러스 요금제]를 사용해야 하나요?

A 초대받는 팀원은 무료 요금제인 [개인 요금제]를 사용해도 상관없어요. 단, [플러스 요금제]를 사용하고 해당 워크스페이스를 만든 나에게만 멤버 초대 권한이 있습니다.

Q [비즈니스 요금제]를 사용하면 어떤 점이 좋은가요?

A [비즈니스 요금제]를 사용하면 '하나의 페이지'가 아닌 '워크스페이스 자체'에 팀원이 접근할 수 있도록 초대할 수 있어요. 단, 팀원 1인당 추가 요금이 부과됩니다. 워크스페이스 아래에 각 프로젝트별로 별도의 페이지를 만든다면 각 페이지에 팀원을 추가하기 편리한 [비즈니스 요금제]를 추천해요. 또한 [비즈니스 요금제]를 사용하면 모든 멤버가 자유롭게 페이지를 추가 또는 수정할 수 있어요.

▶ [비즈니스 요금제]는 무료로 체험판을 제공합니다. 일부 기능의 제한이 있긴 하지만, 적은 용량이라면 테스트삼아 사용해 볼 수 있어요.

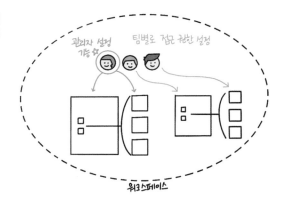

정리하면 먼저 [플러스 요금제] 또는 [비즈니스 요금제] 체험판으로 어떤 형태의 협업이 유리한지 살펴보고, [비즈니스 요금제]가 필요할 때 업그레이드를 추천합니다.

하면 된다! } 협업용 워크스페이스를 만들고 팀원 초대하기

협업을 위한 요금제를 선택했나요? 이제 본격적으로 워크스페이스를 만들고 팀원을 초대해 볼게요.

1. 내 계정을 클릭했을 때 아이디의 오른쪽에 나타나는 ⋯ 아이콘을 클릭해 [워크스페이스 생성 또는 참여]를 누르세요.

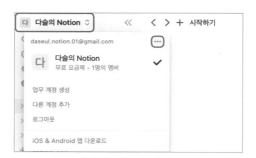

▶ 왼쪽 사이드 바가 보이지 않으면 키보드의 Ctrl + \ 를 누르세요.

2. 처음 노션에 가입했을 때 봤던 화면이 다시 나타납니다. [팀과 사용]을 선택하고 [계속]을 클릭하세요.

▶ 협업용으로 사용하더라도 [플러스 요금제]로 체험해 보고, 필요하다면 [비즈니스 요금제]를 구입하는 걸 추천해요.

3. 워크스페이스의 이름과 아이콘을 설정하고 [계속]을 클릭합니다. 기존의 개인용 워크스페이스와는 완전히 독립된 또 다른 공간이 만들어진답니다.

4. 워크스페이스에 팀원을 초대해 볼까요? 팀원의 노션 이메일 주소를 입력하거나 [공유 링크 복사하기]를 눌러 워크스페이스 접속 링크를 공유합니다. [Notion에 접속하기]를 바로 클릭해 초대 단계를 건너 뛸 수도 있습니다.

5. 협업에 많이 사용하는 추천 템플릿 3가지가 나타납니다. 원하는 템플릿을 선택하고 [시작하기]를 누르면 워크스페이스에 템플릿을 불러올 수 있습니다. 왼쪽 사이드바에서 메뉴나 템플릿을 선택해 원하는 곳으로 바로 이동할 수도 있습니다.

질문 있어요!

워크스페이스에 미처 추가하지 못한 팀원이 있는데, 어떻게 추가할 수 있나요?

왼쪽 사이드 바에서 [설정과 멤버]를 누른 후 [워크스페이스 – 멤버]를 클릭합니다. 2가지 방법으로 팀원을 초대할 수 있어요. 팀원의 노션 이메일을 알고 있다면 [멤버 추가]를 눌러 직접 이메일을 입력하면 되고, [링크 복사]를 눌러 워크스페이스에 직접 접속할 수 있는 링크를 전달해도 됩니다.

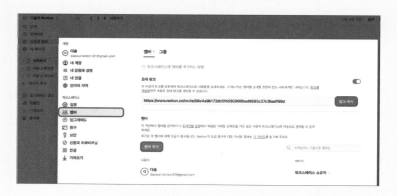

질문 있어요!

[개인 요금제] 또는 학교 이메일로 [플러스 요금제]를 무료로 사용하고 있는데, 페이지에 게스트를 어떻게 추가할 수 있나요?

게스트를 추가할 페이지에서 오른쪽 위에 있는 [공유]를 누릅니다. [사용자, 그룹, 이메일 추가]를 선택해 초대할 팀원의 노션 계정을 입력합니다. 접속 권한도 설정할 수 있는데, [전체 허용]으로 설정하면 초대받은 팀원도 다른 팀원을 초대할 수 있어요. 워크스페이스를 만든 팀원에게 일일이 확인받지 않아도 되기 때문에 번거로움을 줄일 수 있습니다. [초대]를 누르면 팀원에게 초대 알림이 전달됩니다.

05-2

업무 타임라인 칸반보드 만들기

협업 대시보드는 팀원 모두가 함께 보는 업무 현황판이라고 할 수 있어요. 따라서 팀원이 함께 볼 공지 사항, 협업 목표, 회의록, 데이터베이스, 프로젝트 타임라인 등의 내용을 넣어서 만듭니다. 팀원과 공유하고 싶은 내용에는 어떤 것이 있는지 고려해서 만들어 보세요.

❖ 사용한 블록
[데이터베이스 - 보드 보기],
[콜아웃], [텍스트], [페이지]
❖ 완성 예제 링크
bit.ly/easys-notion-10

하면 된다! ⟩ 칸반보드로 프로젝트 타임라인 만들기

협업 대시보드의 핵심! 칸반보드 보기 형식으로 프로젝트의 메인 타임라인을 만들어 볼게요. 앞에서 만든 워크스페이스 안의 페이지를 사용해 실습하세요.

1. 대시보드의 빈 곳에 마우스 커서를 올려 놓은 후 키보드의 ⟨/⟩를 눌러 [데이터베이스 - 보드 보기]를 선택합니다. 이어서 [+ 새 데이터베이스 생성]을 클릭합니다.

▶ [데이터베이스] 명령어: /data

2. 칸반보드 데이터베이스가 바로 만들어졌어요. 칸반보드에도 이름이 있는 게 좋겠죠? [제목 없음]을 클릭해 이름을 설정하세요.

3. 칸반보드를 만들면 기본적으로 [할 일], [진행 중], [완료] 항목이 만들어집니다. 그 아래에는 업무를 카드 형식으로 만들어 진행 상황에 맞춰 이동하는 식으로 진행되는데요. 카드 하나를 만들면서 관리 항목을 추가해 볼까요?
[할 일] 항목 아래의 [카드 1]을 누른 후 업무 이름을 제목으로 적어 주세요.

4. 제목 아래를 보면 [상태], [담당자]라는 2가지 관리 항목이 추가돼 있어요. 두 항목을 4가지 관리 항목([담당자], [진행 상태], [중요도], [마감일])으로 수정하려고 합니다. 이름만 봐도 각각 어느 속성 유형으로 설정하면 되는지 감이 오죠?

가장 먼저 [담당자] 항목을 볼게요. 속성 유형은 기본적으로 [사람]으로 설정돼 있어요. 이 항목을 이용하면 각 담당자들에게 업무를 할당할 수 있습니다. 담당자를 여러명 선택할 수도 있어요.

> ▶ 여기에 추가한 항목으로 필터를 적용해 칸반보드에서 관리할 수 있어요. 다른 항목도 추가해 보세요.

5. [+ 속성 추가]를 눌러 다른 항목도 추가했나요? [진행 상태]와 [중요도]의 속성 유형은 [✦ 상태]로 설정합니다. [진행 상태]의 옵션은 [진행 예정], [진행 중], [완료]로 나누고, [중요도]는 [매우 높음], [높음], [중간], [낮음]으로 나눕니다.

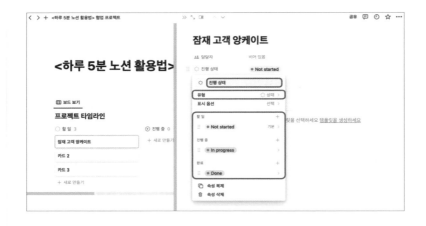

옵션의 이름을 클릭하면 원하는 이름으로 바꿀 수 있고 색상도 새로 지정할 수 있습니다.

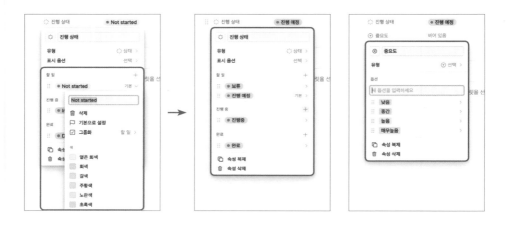

6. 마지막으로 [마감일] 항목은 [📅 날짜] 유형으로 설정합니다.

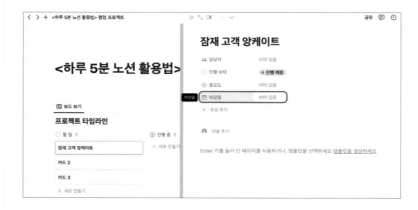

7. 어렵지 않죠? 여러분의 업무도 카드로 만들어 속성을 할당해 보세요.

하면 된다! } 담당자별, 업무 상태별, 중요도별 칸반보드 보기

칸반보드 데이터베이스를 처음 만들면 진행 상황별로 정리되는데, 이를 담당자별, 중요도별로 볼 수 있습니다. [그룹화] 기능을 활용하면 조금 전 추가했던 속성별 데이터베이스 보기 설정을 변경할 수 있어요.

1. 데이터베이스 제목의 오른쪽에 있는 ⋯ 아이콘을 누른 후 [그룹화]를 선택하세요.

2. 그룹화 기준을 [진행 상태]에서 다른 것으로 바꾸면 그에 맞춰 정렬됩니다.

[담당자]별 보기로 변경한 모습

[중요도]별 보기로 변경한 모습

보드 말고 다른 형태로도 관리할 수 있나요?

조금 전에 만들었던 데이터베이스를 칸반보드 형식뿐만 아니라 타임라인과 캘린더 등 상황에 맞게 보기 형식을 바꿀 수 있어요. 데이터베이스 제목 옆에 마우스 커서를 올려 놓으면 [+] 아이콘이 나타나는데, 이 아이콘을 클릭하면 [새보기]가 추가됩니다. [표], [보드], [타임라인], [캘린더], [리스트], [갤러리] 등 보기 방식을 추가할 수 있어요.

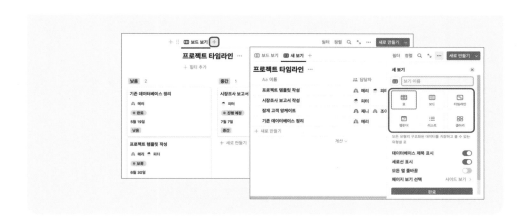

하면 된다! ﹜ '마감일'이 남은 업무만 모아 보기

앞으로의 남은 일정만 정리해서 보고 싶을 때가 있죠? 속성에 추가했던 [마감일]을 기준으로 필터를 걸면 마감일이 남은 업무만 따로 모아 볼 수 있어요.

1. [그룹화] 기능과 마찬가지로 데이터베이스 제목 옆에 있는 ⋯ 아이콘을 클릭한 후 [필터]를 선택하세요.

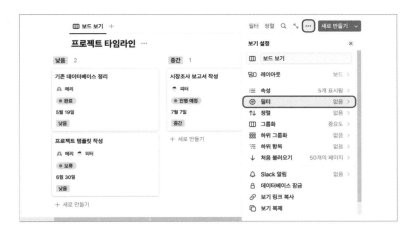

2. [마감일]을 눌러 필터의 기준이 될 항목을 정합니다. 범위는 [오늘 기준]을 선택해도 좋고 기준으로 두고 싶은 날짜를 선택해도 됩니다. 그 날짜를 기준으로 이전인지, 이후인지, 또는 범위 내인지까지도 설정할 수 있습니다.

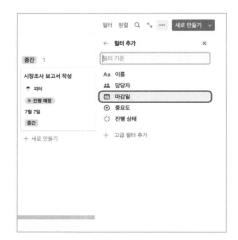
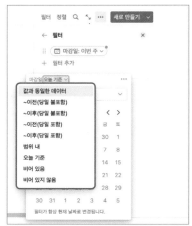

3. 예를 들어 [마감일]이 [7월 3일 이후]인 필터를 적용하면 다음과 같이 하나의 업무만 남습니다.

특정 '마감일' 이후 설정이 적용된 모습

하면 된다! ⟩ '마감일'이 지난 업무 중 중요도가 '보류'인 업무만 보기 ─ 필터 중복 적용

앞으로 진행할 업무를 새로 설정하려면 지난 프로젝트 이력을 한번 돌아보는 것이 좋겠죠? 마감일이 '지난' 업무 중 중요도가 '보류'인 업무만 따로 모아 보려면 앞에서 배운 [필터]를 활용하면 됩니다. 다음 내용을 읽기 전에 스스로 설정해 보세요.

1. 감이 잡혔나요? 아니면 '필터로 일단 마감일을 설정했는데 중요도는 어떡하지?'라는 생각이 들었나요? 걱정하지 마세요. 필터를 중복으로 설정하면 이 문제를 해결할 수 있답니다.

데이터베이스 위에 마우스 커서를 올려 놓으면 나타나는 [필터]를 클릭합니다. 먼저 마감일에 필터를 걸어 볼게요. 필터 기준으로 [마감일]을 선택합니다.

2. 오늘 기준으로 지난 업무를 보기 위해 [~이전(당일 불포함)], [오늘 날짜]를 선택합니다.

3. 이 상태에서 필터 창 오른쪽에 있는 [+ 필터 추가]를 누른 후 필터 기준으로 [진행 상태]를 선택합니다. [필터 추가]는 and 또는 or의 의미예요. 기존에 설정한 필터와 같은 범위에 적용됩니다.

▶ [+ 고급 필터 추가]를 누르면 설정할 수 있는 [필터 그룹 추가]는 많은 필터를 동시에 사용할 때 그룹화해 직관적으로 원하는 범위에만 적용시킬 수 있는 기능이에요.

4. 진행 상태가 [보류], [값과 동일한 데이터]가 되도록 선택하세요.

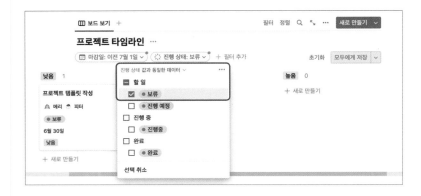

5. 마감일이 지난 업무 중 진행 상태가 [보류]인 업무만 나타납니다.

▶ [모두에게 저장]을 누르면 다른 팀원이 봤을 때도 이 필터 설정값이 기본으로 나타나도록 저장할 수 있습니다.

05-3

모든 파일을 한곳에! 데이터베이스 만들기

자료 데이터베이스

:≡ 리스트 보기

데이터베이스

📄 고객 리서치 결과   🅰 5월 27일 오후 11:38   `고객조사`

📄 노션 기본 사용법   😎🅰 5월 27일 오후 11:51   `경쟁사조사`

＋ 새로 만들기

이번에는 협업 대시보드 페이지의 세부 항목 중 데이터베이스 페이지를 함께 만들어 보겠습니다. 프로젝트에 도움이 될 만한 모든 자료를 한곳에 저장하는 페이지랍니다. 따라서 무엇보다 분류 항목을 잘 구분하는 것이 중요해요.

❖ 사용한 블록
　　[데이터베이스 - 리스트 보기]
❖ 완성 예제 링크
　　bit.ly/easys-notion-11

하면 된다! ┝ 모든 자료를 한곳에! 데이터베이스 만들기

자료를 한 곳에 모아 두면 특정 주제의 자료를 보고 싶을 때 한 번에 확인할 수 있어
요. 데이터베이스를 만들어 자료를 모아 볼게요.

1. 협업용 대시보드에 자료 데이터베이스라는 이름의 새 페이지를 만든 후 ⌐/⌐를 눌러
[데이터베이스 - 리스트 보기] 블록을 새로 만드세요.

▶ [데이터베이스] 명령어: /data
▶ [데이터베이스 - 리스트] 명령어: /datalist

2. [제목 없음]을 클릭해 데이터베이스의 제목을 입력한 후 [페이지 1]을 클릭해 세부
속성을 수정합니다. 협업하는 팀원과 함께 보는 데이터베이스이므로 [작성일], [작성
자], [분류] 등의 항목이 들어가면 좋겠네요.
먼저 첫 번째 속성 이름을 작성 일시로 입력하고 유형은 기본값 그대로 [ⓒ 생성 일시]
로 설정하세요. 데이터를 업로드한 날짜와 시간이 적용됩니다.

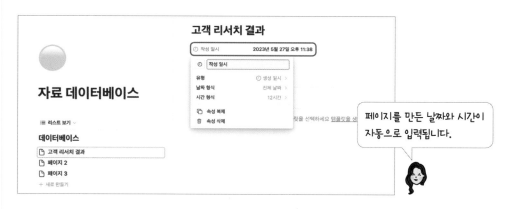

3. 누가 어떤 자료를 업로드했는지도 중요한 분류 기준 중 하나입니다. 두 번째 속성으로 작성자 항목을 만들고 유형은 [🏃 사람]을 선택합니다. 어떤 업무에 필요한 자료인지 분류 기준을 세워 두면 좀 더 활용하기 편리하겠죠? 세 번째로 분류 항목을 추가하고 유형은 [☰ 다중 선택]을 선택합니다.

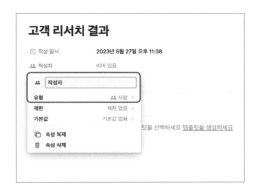

4. 프로젝트와 관련된 모든 자료를 업로드하는 페이지이기 때문에 이 페이지에 업로드 된 자료가 회의에서 그대로 사용될 수 있어요. 그래서 몇 주 차 회의에 사용될 자료인지 분류 항목을 달아 놓는 것이 좋아요. 회의 자료 항목을 [☰ 다중 선택] 유형으로 추가합니다.

▶ 같은 자료라도 회의에서 여러 번 쓰일 수 있기 때문에 [다중 선택] 유형을 골랐어요.

5. 각 분류 항목을 모두 설정한 후 작성자와 태그를 할당하면 다음과 같은 모습으로 보여요.

6. 항목 설정을 마쳤으니 다시 데이터베이스 페이지로 돌아오세요. [작성자], [분류] 등이 리스트에도 보이면 자료를 찾기가 편리하겠죠? 데이터베이스 제목 옆에 있는 ⋯ 아이콘을 클릭한 후 [속성]을 선택합니다. 리스트 화면에서 보여 주고 싶은 속성을 선택하세요.

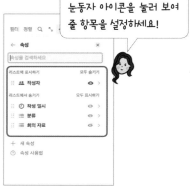

눈동자 아이콘을 눌러 보여 줄 항목을 설정하세요!

[작성일시]와 [작성자]를 나타낸 모습

[작성일시]와 [작성자], [분류]를 나타낸 모습

이 페이지를 즐겨찾기로 추가하고 싶어요

왠지 협업하면서 데이터베이스 페이지에 자주 접속할 것만 같은 느낌이 드나요? 즐겨찾기로 저장해 두면 언제든 빠르게 접속할 수 있어요. 방법은 정말 간단해요. 페이지 오른쪽 위에 있는 [즐겨찾기 ☆]를 클릭하기만 하면 사이드 바에서 이 페이지로 바로 이동할 수 있습니다.

단축키 Ctrl + Alt + Shift + F 를 눌러도 됩니다(맥은 Command + Control + Shift + F).

05-4

회의를 효율적으로 관리하기

회의록

:≡ 리스트 보기

회의록

✓ **1회차 회의**   6월 16일   🧑🧑🧑🧑   주제논의   협업방식
✓ **2회차 회의**   6월 23일   🧑🧑🧑🧑   시장분석
✓ **3회차 회의**   6월 30일   🧑🧑🧑   시장분석

+ 새로 만들기

협업에서 빼놓을 수 없는 회의! 회의록도 노션을 이용해 효율적으로 관리할 수 있어요. 완성된 회의록의 모습은 위와 같습니다.

❖ 사용한 블록
 [데이터베이스 - 인라인]
❖ 완성 예제 링크
 bit.ly/easys-notion-12

하면 된다!⟩ 매일 쓰는 회의록 템플릿 만들기

회의록을 만드는 방법은 방금 전에 함께 만들었던 데이터베이스와 비슷합니다. 회의록 템플릿을 함께 만들어 볼게요.

1. 업무용 대시보드에 [회의록] 페이지를 만든 후 ⟨/⟩를 누르고 [데이터베이스 – 인라인]을 선택해 새로운 데이터베이스를 만듭니다.
▶ [데이터베이스 – 인라인] 명령어: /datalist

2. 데이터베이스의 제목을 입력했다면 [페이지 1]을 선택해 세부 페이지로 들어갑니다. 페이지 본문에 있는 [템플릿을 생성하세요]라는 문구를 클릭하세요.

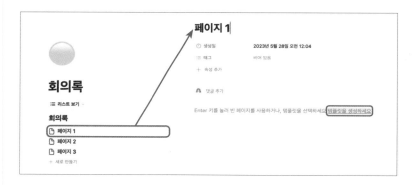

3. 템플릿 생성 페이지로 넘어왔어요. 페이지 위에 '템플릿을 편집하고 있습니다.'라는 안내 문구가 보입니다. 템플릿에 필요한 속성을 설정해 볼까요? 설정하는 방법은 기존 페이지에 속성을 추가하는 것과 동일해요. 다음과 같은 속성이 있으면 편리합니다.

❶ **제목:** 템플릿의 제목이 되는 부분이에요. 그냥 두면 나중에 어떤 것이 템플릿인지 알 수 없으므로 알아보기 쉽도록 '회의록 템플릿'으로 변경합니다.

❷ **날짜:** 회의 날짜를 지정합니다. [📅 날짜] 유형을 선택하세요.

❸ **주제:** 협업 방식, 주제 논의, 시장 분석, 업무 분담 등 회의의 대주제에 맞춰 분류합니다. [☰ 다중 선택] 유형을 선택하세요.

❹ **참여자:** 회의 참여자를 선택합니다. [👥 사람] 유형을 선택하세요.

❺ **서기:** 회의록을 기록한 사람을 선택합니다. 참여자 속성과 동일하게 [👥 사람] 유형을 선택하세요.

❻ **기존 회의 연장선:** 회의 시작 전 지난 회의의 회의록을 함께 보며 간단히 의사결정 사항을 체크한 후 본론으로 들어가면 회의 참여자 모두 회의의 흐름을 따라가기 쉽습니다. [☑ 체크박스] 유형을 선택하세요.

4. 속성 설정을 마쳤으면 아래쪽의 [빈 페이지]를 클릭해 템플릿으로 저장하고 싶은 내용을 작성합니다. 다양한 블록을 사용해 다음과 같이 내용을 입력하세요.

❶ 회의 안건: 키보드의 ⑦를 누른 후 [제목 3] 블록을 사용해 회의 안건이라는 소제목을 만듭니다. [번호 매기기 목록] 블록을 추가해 안건을 번호 형식으로 나열할 수 있도록 해주세요. 아래쪽에 ─을 3번 눌러 구분선을 추가하면 더 깔끔해요.

❷ 참고 자료: [제목3] 블록으로 참고 자료라는 소제목을 만듭니다. ⑦를 누른 후 [링크된 데이터베이스 보기] 블록을 넣으세요. 05-3절에서 만들었던 자료 페이지의 데이터베이스 이름을 검색해 불러오면 자료 데이터베이스와 연동됩니다. 필요한 자료를 회의록으로 가져오기 위해 복사하지 않아도 되므로 매우 편리합니다. 기존 데이터베이스에 적용된 보기 형식을 그대로 가져올 수도 있고 새롭게 바꿀 수도 있습니다.

❸ 실시간 회의록: 회의록은 일단 회의 내용을 놓치지 않도록 받아 적고, 회의가 끝난 후 다시 깔끔하게 정리하는 경우가 많아요. 이럴 때 유용한 것이 이 메모장 페이지입니다. [제목3] 블록으로 실시간 회의록이라는 소제목을 만든 후 [페이지] 블록으로 하위 페이지를 만듭니다. 페이지의 제목은 클릭!이라고 입력해 주세요. 블록을 데이터베이스 옆으로 옮겨 2단으로 구성하면 금상첨화입니다.

❹ **결정 사항:** 만드는 방법은 [회의 안건]과 같
아요. 각 회의에서 결정된 내용을 [번호 매
기기 목록] 블록으로 작성합니다. 이곳에
도 구분선을 넣어 주면 한결 깔끔해져요.

5. 편집을 모두 완료했다면 왼쪽 위에 있는 [뒤로]를 누르세요. 편집한 내용이 자동으
로 저장됩니다.

6. 원래의 페이지로 돌아오면 본문에 방금 만든 템플릿 이름인 [회의록 템플릿]이 나타
납니다. 클릭하면 방금 전에 설정했던 회의록 내용이 페이지에 자동으로 반영됩니다.

7. 실제로 회의록 내용을 입력한 모습은 다음과 같아요.

내가 만든 템플릿을 수정할 수는 없나요?

템플릿을 수정하기 위해 우선 데이터베이스에서 회의록 페이지를 하나 만들어 주세요. 새 페이지의 본문에 나타나는 [회의록 템플릿] 항목에 마우스 커서를 올려 놓은 후 오른쪽에 있는 ⋯ 아이콘을 클릭합니다. 메뉴에서 [편집]을 눌러 내용을 원하는 대로 수정하면 됩니다.

8. 마지막으로 회의록 데이터베이스에서 보여 주고 싶은 속성을 선택해 마무리합니다.

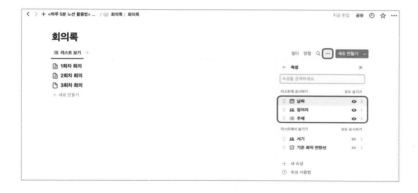

회의록 템플릿에 타임 테이블 추가하기

'뽀모도로 기법'을 들어 봤나요? 타이머를 맞춰 놓고 25분 공부한 후 5분 동안 휴식하는 공부 방법인데요. 이렇게 하면 쉬지 않고 공부하는 것에 비해 집중력을 최대로 끌어올릴 수 있어요. 이 기법을 회의록에도 적용해 보면 어떨까요? 각 뽀모도로별로 회의 안건을 바꿔 보는 것도 집중력을 환기하는 좋은 방법이에요. [데이터베이스 - 표 보기]를 이용해 안건과 시간, 비고 열을 만들고 각 주제에 정해진 사항을 간단히 메모해 보세요!

05-5

협업 기능 200% 활용하기

이번에는 노션의 협업 기능을 200% 활용하는 추가 기능을 알아볼게요. 다른 사람을 멘션해 알림을 보내거나, 댓글을 달거나, 언제 어느 부분이 수정됐는지 알 수 있는 기능도 있어요.

추가 기능 1 팀원의 기록에 댓글 달기

댓글을 달고 싶은 블록을 선택한 후 ⊞ 아이콘을 클릭합니다. [댓글]을 선택하면 해당 블록에 댓글을 달 수 있어요. 파란색 화살표 아이콘 ⬆을 누르면 댓글이 저장되고, 클립 모양 아이콘 📎을 누르면 파일을 추가할 수 있어요.

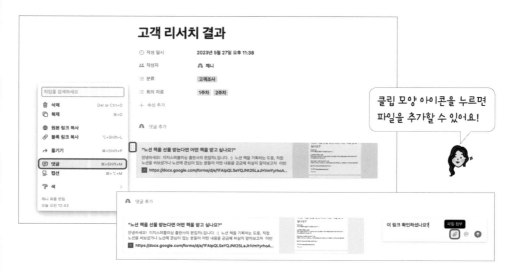

댓글이 달리면 블록 오른쪽에 말풍선 아이콘 □과 함께 댓글의 개수가 나타납니다. 클릭한 후 해결 아이콘 ☑을 누르면 댓글이 사라집니다. 그 옆에 있는 ⋯ 아이콘을 눌러 [댓글 수정], [링크 복사], [댓글 삭제]도 할 수 있어요.

추가 기능 2 페이지 안에 달린 댓글을 한 번에 모아 보기

페이지 안에 달린 댓글을 한 번에 모아 보려면 페이지의 오른쪽 위에 있는 말풍선 아이콘 🗨을 클릭하면 됩니다. [해결된 댓글]과 [미해결 댓글]을 따로 모아 볼 수도 있어요.

추가 기능 3 팀원 소환하기

팀원을 멘션하고 싶다면 키보드의 @를 누르거나 댓글 창의 오른쪽에 있는 멘션 아이콘 @을 누르고 멘션하고자 하는 팀원의 노션 이름을 입력하면 됩니다.

이렇게 멘션하면 멘션을 받은 팀원의 노션 왼쪽 사이드 바의 [업데이트]에 빨간색으로 업데이트 숫자가 표시됩니다. 만약 팀원이 핸드폰 앱이나 이메일 알림을 설정해 뒀다면 앱의 푸시나 메일로도 알림을 받을 수 있어요.

멘션받은 팀원의 노션에 알림이 나타난 모습

추가 기능 4 수정된 사항 확인하기

각 페이지 오른쪽 위에 있는 업데이트 아이콘 ⊘을 클릭하면 해당 페이지의 어느 부분을 누가 언제 수정했는지 알 수 있어요. 실수로 데이터의 일부분을 삭제했을 때 유용한 기능이에요.

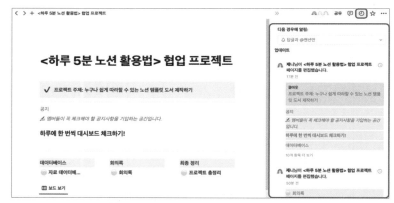

▶ [개인 요금제(무료)]는 최근 7일, [플러스 요금제]는 30일, [비즈니스 요금제]는 90일까지의 기록만 저장됩니다. 기록을 계속 확인하고 싶다면 [엔터프라이즈 요금제]에 가입해야 합니다.

질문 있어요!

팀원이 이 페이지를 봤는지 확인할 수 있나요?

페이지 오른쪽 위에 있는 [공유] 옆에 팀원들의 프로필 아이콘이 나타나는 것을 눈치챘나요? 이 페이지를 접속한 팀원의 기록이 남는 공간이랍니다. 이 페이지에 접속 중이라면 아이콘이 진하게, 과거에 접속한 적이 있다면 흐리게 나타나요. 동시에 같은 페이지에 접속했을 때는 어느 블록에 누가 마우스 커서를 올려 놓고 있는지가 실시간으로 나타납니다.

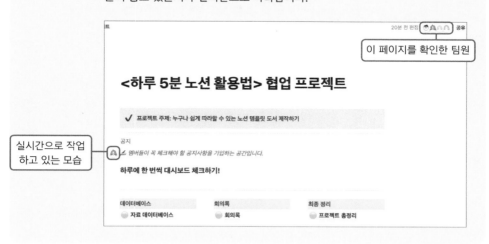

이 페이지를 확인한 팀원

실시간으로 작업 하고 있는 모습

06

노션의 방대한 템플릿 활용하기

지금까지 포트폴리오용, 자기 관리용, 협업용으로 노션의 여러 가지 활용 방법을 익혀 봤어요. 노션의 '템플릿' 기능을 활용하면 앞서 만든 페이지를 쉽게 공유할 수 있습니다. 템플릿은 '틀'이라고 생각하면 돼요. 편의점에 진열된 삼각김밥이 똑같은 틀로 찍어 내 모양은 같지만 내용물은 모두 다른 것처럼요. 다른 사람이 이미 만들어 놓은 템플릿을 가져와 내 스타일에 맞게 내용을 수정하거나 내가 만든 템플릿을 다른 사람에게 공유할 수도 있어요.

06-1

다른 사람의 템플릿 가져오기

노션 템플릿을 가져오는 2가지 방법

다른 사람이 이미 만들어 둔 노션 템플릿을 나의 노션으로 가져오면 내용을 변경할
수 있어요. 노션 템플릿을 공유하는 사이트에서 마음에 드는 템플릿을 찾아 가져오거
나 다른 사람이 공유한 노션 링크에 접속해 가져오면 됩니다.

하면 된다! } 다른 사람의 템플릿을 내 노션으로 가져오기

1. 인터넷 창을 연 후 노션 페이지스(notionpages.com)에 접속해 보세요. 전 세계 노션
사용자들이 직접 만든 노션 템플릿을 사람들과 공유하는 웹 사이트예요. 이력서, 식
사 기록, 고객 관리 표 등 범위도 무궁무진하답니다.

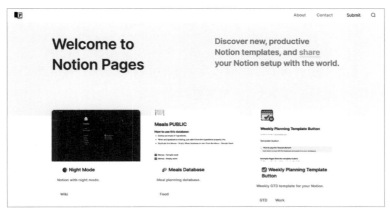

노션 페이지스 웹 사이트

2. 마음에 드는 템플릿을 하나 골라 클릭해 보세요. 저는 요즘 자취를 시작하면서 요리가 취미가 됐어요. 그래서인지 'Meals Database' 템플릿에 관심이 가네요.

▶ 'Meals Database' 템플릿 링크: notionpages.com/templates/meals-database

3. 페이지의 Public template available [here]를 누르면 노션 페이지가 또 다른 팝업 창으로 나타날 거예요. 링크를 클릭하세요.

4. 이 페이지에서 오른쪽 위에 있는 [복제]를 누르면 템플릿을 내 노션 계정의 워크스페이스로 복사할 수 있어요.

5. 내가 관리자로 사용하고 있는 워크스페이스가 1개라면 해당 워크스페이스로 복제되지만, 여러 개라면 어떤 워크스페이스로 복제할지 지정할 수 있어요.

워크스페이스가 하나인 경우 - 복제 중인 모습

워크스페이스가 여러 개인 경우 - 선택하는 화면

▶ 한 번 복제한 페이지는 다른 워크스페이스로 옮길 수 없어요. 잘못 복제했다면 기존 페이지를 삭제하고 4번 과정으로 돌아가 다른 워크스페이스를 선택하세요.

6. 가져오기가 끝났어요. 이렇게 복제한 템플릿은 내가 처음부터 만들었던 페이지와 똑같이 수정, 삭제, 공유할 수 있어요.

개인이 올린 노션 템플릿은 어떻게 가져오나요?

다른 사람에게 노션 템플릿 링크를 공유받았을 때도 앞에서 설명한 것과 같은 방법으로 내 노션에 복제할 수 있어요. 공유받은 링크를 클릭하면 인터넷 창이 열리는데, 노션 템플릿이 나타났을 때 마찬가지로 페이지 오른쪽 위에 있는 [복제]를 누르면 됩니다.

이 책의 노션 템플릿 복제하기

앞에서 만든 템플릿을 링크로 가져왔어요. 마음에 드는 템플릿을 클릭해서 여러분의 노션으로 복제해 보세요!

- 개인 포트폴리오: bit.ly/easys-notion-1
- 개인 대시보드: bit.ly/easys-notion-2
- 할 일 관리: bit.ly/easys-notion-3
- 습관 관리: bit.ly/easys-notion-4
- 영화 감상 기록: bit.ly/easys-notion-5
- 독서 기록: bit.ly/easys-notion-6
- 계정 관리: bit.ly/easys-notion-7
- 취업 준비: bit.ly/easys-notion-8
- 강의 노트: bit.ly/easys-notion-9
- 업무 타임라인 칸반보드: bit.ly/easys-notion-10
- 업무 자료 데이터베이스: bit.ly/easys-notion-11
- 업무 회의록: bit.ly/easys-notion-12
- 추가 대시보드/포트폴리오: bit.ly/easys-notion-13

06-2

가져온 템플릿 수정하기

다른 사람의 템플릿을 내 노션으로 가져오는 것은 [복제] 버튼 하나만 클릭하면 끝날 정도로 간단해요. 이번에는 가져온 템플릿을 내 취향에 맞게 수정해 보겠습니다. 일반적으로 모두에게 공유되는 노션 템플릿에는 안내 문구 등 나에게는 필요하지 않은 내용이 들어 있는 경우가 많아요. 이런 부분은 삭제하고 나에게 꼭 맞는 틀로 바꿔 볼게요.

하면 된다! } 가지고 온 템플릿을 나에게 맞춰 수정하기

조금 전에 노션으로 복사해 온 템플릿을 수정해 볼 거예요. 제목도 바꾸고 나에게 필요한 속성으로만 채워 볼게요.

1. [Meal Planner]를 클릭해 페이지 제목을 바꾸세요. 여기서는 이 템플릿을 요리 레시피 모음집으로 활용하고 싶기 때문에 제목을 배고플 때 찾아보기!로 바꿨어요.

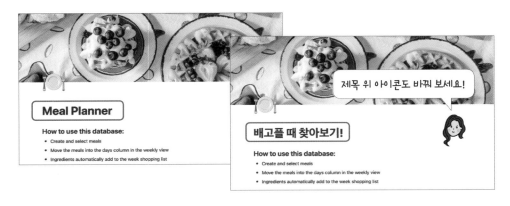

제목 위 아이콘도 바꿔 보세요!

2. 내용을 보니 템플릿 구성에 대한 설명, 활용 방법, 식재료 쇼핑 리스트 표 등 여러 가지가 있네요. 이 중에서 요리 레시피 표인 [Meals] 페이지만 사용하기 위해 나머지 블록은 모두 삭제하겠습니다.

블록이 완전히 포함되도록 드래그하면 블록이 화면과 같이 파란색으로 선택됩니다. 삭제할 블록을 드래그한 후 마우스 오른쪽 버튼을 눌러 [삭제]하거나 Delete 를 누릅니다.

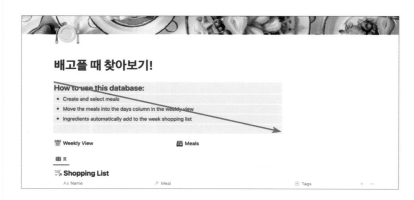

3. [Meals] 페이지를 클릭해 세부 페이지로 들어가 볼까요? 각 페이지가 블록처럼 정리된 것을 보니 이 데이터베이스는 [보드]로 만들어져 있다는 것을 알 수 있습니다. 속성을 수정해 태그의 이름을 아침, 점심, 저녁으로 수정합니다. [태그]를 클릭하면 이름을 바로 바꿀 수 있어요.

필요하지 않은 속성은 삭제할게요. 속성 이름 옆에 있는 ⋯ 아이콘을 누른 후 [페이지 삭제]를 클릭합니다.

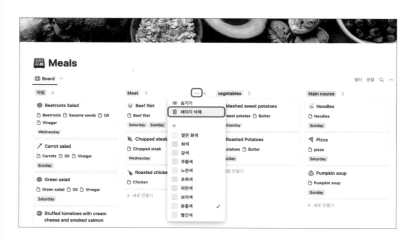

4. 기존에 있던 레시피를 삭제한 후 저만의 레시피로 바꿔 보려고 해요. 모두 삭제한 후 [+새로 만들기]를 클릭해도 좋고, 기존의 카드를 클릭해 내용을 수정해도 좋아요. 카드에 마우스 커서를 올려 놓으면 오른쪽 위에 나타나는 ⋯ 아이콘을 클릭하고 [삭제]를 선택하면 됩니다.

5. [저녁] 레시피를 추가해 볼게요. 원하는 분류 항목의 밑에 있는 [+ 새로 만들기]를 누르면 이 분류 속성이 자동으로 반영됩니다.

6. 레시피 북에는 어떤 분류 항목이 있는 것이 좋을까요? 레시피에 필요한 '주재료'를 정리해 두면 좋을 것 같아요. 원래 있던 분류 항목을 삭제한 후 [☰ 다중 선택] 속성으로 추가합니다. 여러분만의 분류 항목을 추가해 보세요. 본문에 레시피 내용도 넣어 주면 완성입니다!

공유받은 템플릿으로 만든 페이지를 옮길 순 없나요?

페이지를 다른 곳으로 옮기고 싶다면 블록을 옮기듯이 ⋯ 아이콘을 누른 채로 드래그해 이동하면 됩니다. 단, 다른 워크스페이스로는 옮길 수 없어요.

▶ 왼쪽 사이드 바가 보이지 않는다면 단축키 Ctrl + \ 를 누르세요.

함께 해봐요!

'계란'이 주재료인 레시피만 '필터'해 보기

냉장고에 계란이 조금 남아 있는데, 이걸 활용해 요리를 만들고 싶어요. 계란을 사용하는 레시피만 따로 볼 수 없을까요? 힌트는 앞에서 다룬 [필터] 기능이에요. 다음을 참고해 주재료의 속성이 [계란]인 필터를 적용해 보세요!

06-3

내 템플릿 공유하기

누군가가 내 템플릿을 써준다면 그만큼 뿌듯한 일도 없답니다. 이번에는 내가 열심히 만든 템플릿을 다른 사람들도 유용하게 쓸 수 있도록 공유하는 방법을 알아보겠습니다.

하면 된다! } 내 템플릿 공유하기

공유 링크를 전달해 내 템플릿을 공유할 수 있어요. 함께 따라 해볼까요?

1. 공유할 페이지에 들어간 후 오른쪽 위에 있는 [공유]를 클릭합니다. 이어서 [게시]를 클릭합니다.

2. [템플릿 복제 허용]을 활성화한 후 [웹 링크 복사]를 눌러 링크를 복사합니다. '링크 복사 완료' 문구가 나타난다면 성공적으로 주소가 복사된 거예요. 공유하고 싶은 사람에게 이 주소를 알려 주면 됩니다.

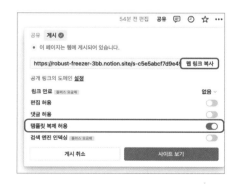

질문 있어요! '템플릿 복제 허용'과 함께 있는 다른 기능들은 무엇을 의미하나요?

- **링크 만료:** [플러스 요금제] 이상만 사용할 수 있습니다. 일정 시간이 지나면 링크가 자동으로 만료되며, 링크를 가지고 있어도 페이지에 접근할 수 없도록 설정할 수 있습니다.
- **편집 허용:** 내 페이지 자체를 다른 사람이 편집할 수 있도록 권한을 허용하는 기능입니다. 페이지 링크를 알고 있는 모든 노션 사용자가 내 페이지를 편집할 수 있습니다.
- **댓글 허용:** 내 페이지에 댓글을 달 수 있도록 허용하는 기능입니다. 다른 사람의 의견을 구하고 싶은 서류 등에 이 기능을 허용하면 편리합니다.
- **검색 엔진 인덱싱:** [플러스 요금제] 이상만 사용할 수 있습니다. 내 페이지가 구글과 같은 검색 엔진에 표시될 수 있도록 허용할 수 있어요. 단, 해당 페이지가 웹 어딘가에 링크로 업로드돼 있는 경우에 한해서 말이죠.

하면 된다! } 공유한 페이지 주소 짧게 줄이기

페이지 주소가 너무 길어서 한눈에 들어오지 않는다고요? bitly 서비스를 이용하면 링크를 짧게 줄일 수 있어요. 우피의 클린 URL 기능과 같은 방식이에요.

1. 인터넷 창을 연 후 bitly(bitly.com)에 접속합니다. [Get Started for Free]를 누르면 회원 가입 창이 나타납니다.

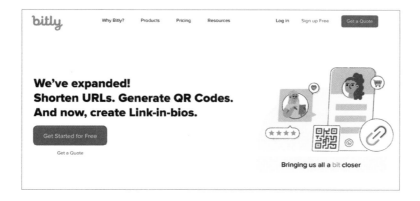

2. FREE(무료) 요금제의 [Get Started]를 누르면 새롭게 계정을 만들거나 이미 가지고 있는 구글 계정과 연결할 수 있습니다.

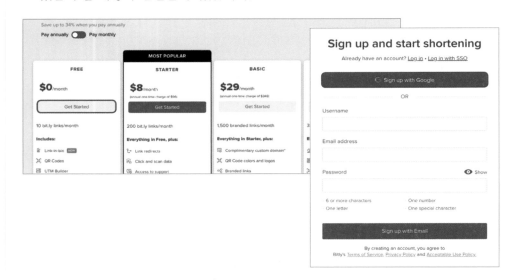

3. [Create new Bitly account]를 누르면 무료 회원 가입이 완료됩니다.

4. [Create your first link]를 클릭합니다.

5. [Destination]에 페이지의 실제 주소를 붙여 넣은 후 오른쪽 아래에 있는 [Create]를 클릭합니다. [Title]에는 페이지의 제목이 자동으로 입력되는데, 바꾸고 싶다면 수정해도 좋습니다.

6. 길었던 URL이 bit.ly/### 형식으로 짧게 줄어들었어요. 기존의 노션 페이지 주소와 새로 만든 bit.ly/### 주소 중 어느 것을 입력해도 같은 페이지로 접속됩니다.

7. [Edit]를 누르면 URL의 ### 부분도 원하는 대로 변경할 수 있어요. 또한 [Create QR Code]를 눌러 이 페이지로 바로 접근할 수 있는 QR 코드도 만들 수 있습니다.

07

노션 API 활용하기

지금까지 노션의 기본 기능을 활용해 포트폴리오, 개인 대시보드, 협업 대시보드를 만들어 봤어요. 또한 템플릿을 공유하거나 다른 사람의 템플릿을 내 노션에 추가하는 방법도 배웠어요. 7장은 노션을 좀 더 풍부하게 활용하는 응용 단계로, 여러분과 노션이 단짝 친구가 될 수 있도록 도와주는 편리한 외부 서비스를 소개할게요. 포트폴리오, 개인 대시보드, 협업 대시보드별로 함께 사용하면 좋은 서비스를 나눠 소개합니다.

07-1

노션을 더 풍부하게 활용하는 방법

노션에 위젯을 추가해 내가 설정한 장소의 날씨를 볼 수 있도록 하거나, 노션 포트폴리오에 방문자 추적 카운터를 달거나, 인터넷에서 원하는 정보를 자동으로 긁어와 노션에 테이블로 저장하는 등 다양한 서드파티 서비스와 API를 활용해 노션과 외부 앱을 연동할 수 있어요. 이를 활용해 나에게 꼭 맞는 맞춤형 페이지를 만들 수 있죠.

서드파티란?

서드파티는 제조사가 공식적으로 제공하는 기본 기능 외에 외부 개발자가 해당 프로그램에서 이용할 수 있도록 규격에 맞춰 생산하는 서비스를 말해요. 노션에서 기본으로 제공하는 블록 기능은 아니지만, 외부 사이트 또는 앱에서 따로 설정해 노션으로 삽입할 수 있는 위젯이나 방문자 추적 카운터 등이 서드파티 서비스라고 할 수 있어요.

API란?

API(application programming interface)는 프로그램에 접속해 운영 체제를 제어할 수 있는 열쇠라고 할 수 있어요. 예전에는 이 프로그램이 어떤 방식으로 구현됐는지 알지 못하면 원하는 데이터를 가져올 수 없었지만, API 접속 권한을 갖고 있으면 외부 개발자가 이 프로그램에서 얻고자 하는 데이터를 프로그램이 이해할 수 있는 방법으로 요청할 수 있어요. 노션의 API 개방으로 노션을 활용할 수 있는 방법은 그야말로 무궁무진해지고 있습니다.

07-2

포트폴리오에 활용하면 좋은 기능

무료로 방문자 추적 카운터 붙이기 — HITS

3장에서 소개한 유료 서비스인 우피를 사용하기 부담스럽다면 간단한 방문자 추적 기능을 제공하는 무료 서비스 히트(HITS)를 추천합니다. HITS를 적용하면 [오늘 방문자/총 방문자]를 카운트해 보여 줘요.

하면 된다! ⟩ 내 포트폴리오에 방문자 추적 달기

노션 페이지에 방문자 추적 카운터를 달아 몇 명이나 내 포트폴리오를 확인했는지 확인해 볼게요.

1. HITS(hits.seeyoufarm.com)에 접속한 후 [TARGET URL]에 방문자 추적 카운터를 달고 싶은 나의 노션 페이지 URL을 붙여 넣으세요. [OPTIONS] 항목에서 카운터의 문구와 색깔을 지정합니다.

2. 3가지 주소 중 가장 아래쪽에 노션에 임베드할 수 있는 URL이 나타납니다. [COPY]를 눌러 복사합니다.

맨 아래 링크만
사용해요!

3. 복사한 URL을 노션 페이지의 원하는 곳에 붙여 넣습니다. [이미지 임베드]를 누르세요.

4. 임베드 직후에는 카운트 이미지가 화면에 꽉 차게 나타나요. 이미지의 왼쪽 또는 오른쪽 모서리에 마우스 커서를 올려 놓은 후 드래그해 원하는 크기로 조절하세요.

▶ 방문자 수는 노션 페이지를 만든 후가 아니라 HITS 카운터를 노션 페이지에 설치한 후부터 카운트됩니다.

포트폴리오에 들어온 사람이 미팅을 신청할 수 있는 캘린더 — Calendly

포트폴리오는 내가 어떤 사람인지 알리는 역할을 하는 만큼 이 페이지를 본 사람이 나와 더 이야기할 수 있도록 이메일 주소나 SNS 아이디를 기재해 두는 것이 좋아요. 캘린들리(Calendly)는 여기서 한 발 더 나아갑니다. 미리 내가 미팅 가능한 일정을 올려 두면 포트폴리오 접속자가 바로 나에게 날짜와 시간을 정해 미팅을 요청할 수 있는 서비스예요.

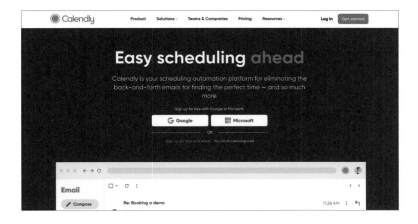

하면 된다! ▸ 미팅을 신청할 수 있는 Calendly 달기

노션 포트폴리오 방문자가 미팅을 신청할 수 있도록 Calendly를 추가해 보겠습니다.

1. Calendly(calednly.com)에 접속해 무료 회원 가입 후 [My Calendly] 페이지에서 [New Event Type → One-on-One]을 선택하면 일대일 미팅 일정을 만들 수 있어요.

2. 미팅 제목, 미팅 채널, 미팅 요청자에게 보여 줄 간단한 설명을 작성해 주세요. 간단한 자기 소개나 미팅의 목적 등이 좋겠죠? 그다음 이 미팅 기능의 URL을 만들고, 미팅 설정 화면의 테마색을 원하는 색으로 선택하면 됩니다. 칸을 다 채운 후 [Next]를 누르세요.

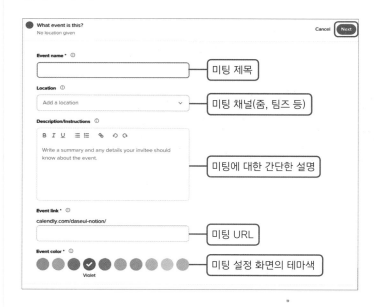

3. 미팅 일정을 선택하는 화면이에요. 페이지를 내려가며 원하는 스케줄을 설정한 후 아래쪽에 있는 [Next]를 누르세요.

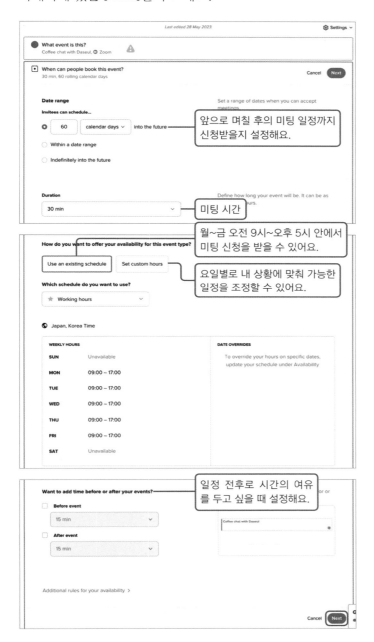

4. 다음과 같이 미팅 일정이 설정됐어요. 오른쪽 위에 있는 [Share]를 누르면 나타나는 팝업 창에서 [Copy Link]를 눌러 주소를 복사하세요. 가운데에 표시되는 주소가 이 일정의 URL이에요.

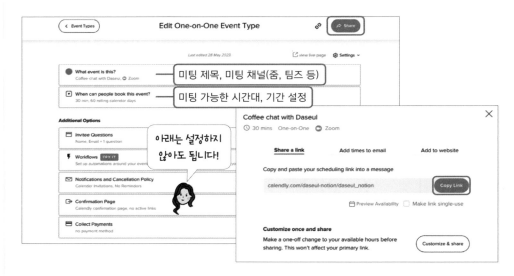

5. 노션에 붙여 넣는 방법은 HITS와 동일해요. 내 포트폴리오 페이지 원하는 부분에 붙여 넣은 후 [임베드 생성]을 누르면 됩니다. 모서리를 드래그해서 원하는 크기로 변경해 주세요.

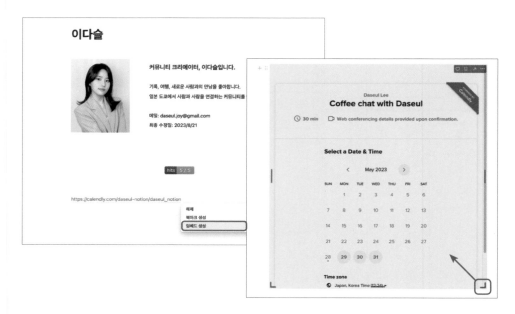

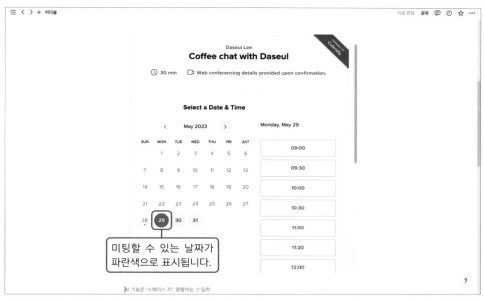

미팅 가능한 날짜와 시간을 선택하는 모습

07-3

개인 대시보드에 활용하면 좋은 기능

날씨, 진행 상태 바, 명언 등의 위젯 삽입 — Indify

핸드폰 바탕화면에 날씨, 디데이, 명언 등 자주 확인하는 위젯을 두는 것처럼 노션의 개인 대시보드에도 위젯을 추가할 수 있습니다. 위젯 삽입 서비스인 인디파이(Indify)를 소개합니다.

이메일 주소로 무료 회원 가입을 하면 일부 기능이 유료인 날씨 위젯, 구글 캘린더 연동 위젯, 이미지 갤러리 위젯을 제외한 모든 서비스를 무료로 이용할 수 있어요.

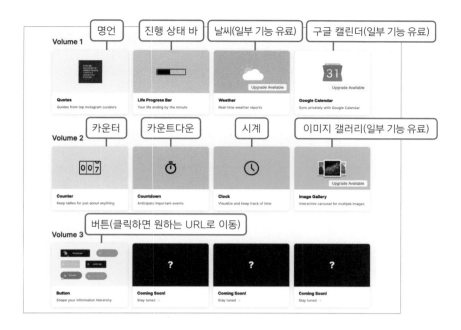

하면 된다! 〉 내 대시보드에 날씨 위젯 설치하기

마음에 드는 위젯을 하나 골라 직접 대시보드에 설치해 볼까요? 설치 방법은 다른 서비스들과 동일해요. 디테일을 설정한 후 만들어진 링크를 노션 페이지에 붙여 넣으면 됩니다.

1. Indify(indify.co)에 접속한 후 무료 회원 가입을 합니다.

2. 로그인하면 자동으로 위젯 설정 페이지로 이동합니다. [Explore Widgets] 탭에서 마음에 드는 위젯 위에 마우스 커서를 올려 놓으세요. 여기서는 날씨 위젯을 선택했어요. [Create widget]을 클릭한 후 위젯의 제목을 입력하고 [Continue]를 클릭합니다.

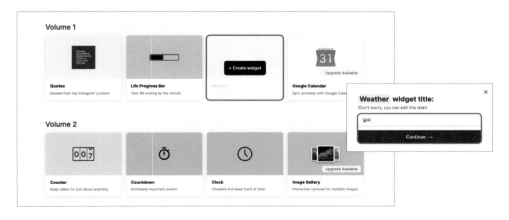

3. 설정 화면에서 지역, 단위, 한 번에 보여 줄 일자 수를 설정합니다. 모두 마쳤다면 클립보드 아이콘 🔲 을 클릭해서 복사합니다.

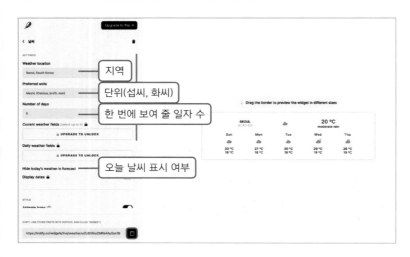

4. 노션 페이지에서 원하는 부분에 URL을 붙여 넣고 [임베드 생성]을 클릭합니다. 방금 설정했던 날씨 위젯이 그대로 노션에 적용됩니다. 크기는 다른 위젯과 마찬가지로 모서리를 드래그해서 조절할 수 있어요.

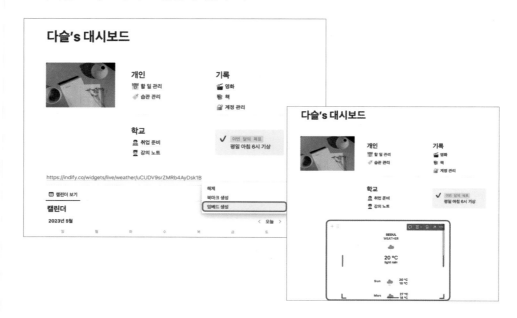

07-4

협업 대시보드에 활용하면 좋은 기능

댓글 창, 투표 창, 좋아요 기능 삽입 — Joey

노션 자체에도 댓글 기능이 있지만, 여기에 추가적으로 투표 창, 좋아요 기능을 넣을
수 있는 조이(Joey)를 소개합니다. 인터넷 창을 열고 Joey(joey.team)에 접속해 보세요.

이 서비스도 회원 가입이 필요해요. 무료 회원은 블록을 최대 3개까지 만들 수 있습
니다. 익명으로 대화할 수 있는 댓글 창, [좋아요] 버튼, A와 B 중 어느 것이 좋은지
투표할 수 있는 블록도 달 수 있어요.

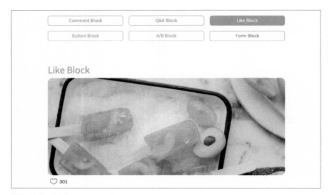

댓글 창 블록(Comment Block)

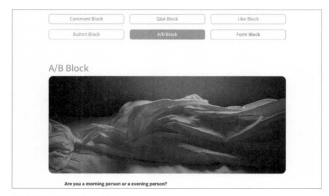

[좋아요] 버튼(Like Block)

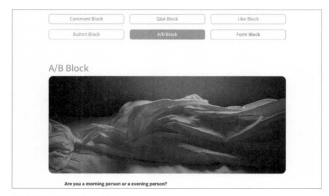

A/B 테스트(A/B Block)

사용하는 방법은 앞에서 배운 것과 동일해요. 원하는 블록을 선택한 후 옵션을 설정하고 URL을 복사해 노션에 임베드하면 됩니다. 여러분의 노션 페이지에서 다양하게 활용해 보세요.

나만의 개인 비서,
노션 AI!

AI 시대가 도래함에 따라 우리 실생활에서 점점 AI를 접하는 빈도가
높아지고 있어요. 챗GPT라는 대화형 인공지능 챗봇은 출시 2달 만
에 사용자가 무려 1억 명을 돌파하는 등 전 세계적으로도 많은 관심을 받고 있
죠. 노션에서도 2023년 2월 AI 기능을 출시했어요. 8장에서는 노션 AI의 기능
을 소개하고 노션을 여러분의 생활 속 개인 비서로 활용할 수 있는 방법을 알
려드릴게요.

08-1

노션 AI? 그게 뭔가요?

사람처럼 학습하고 추론할 수 있는 컴퓨터 시스템, AI

AI(artificial intelligence, 인공지능)는 컴퓨터가 사람처럼 학습하고 추론하고 지각할 수 있도록 인공적으로 구현하는 기술을 의미합니다. 쉽게 말해서 인간처럼 사고하고 행동할 수 있는 고도의 지능을 가진 컴퓨터라고 할 수 있어요. 그렇다면 AI, 즉 인공지능은 왜 필요할까요? 바로 우리 삶을 좀 더 편하게 만들어 주기 때문이에요. 스마트홈 기능으로 현관 앞 센서가 인기척을 감지해 자동으로 불을 켜주기도 하고, 자율 주행 및 일정 속도 유지 기능이 있는 자동차는 사람이 직접 운전하지 않아도 되죠.

특정 웹 사이트에 접속했을 때 챗봇이 등장하는 것을 본 적이 있나요? 이 챗봇에게 질문하면 이미 학습된 AI가 채팅 형식으로 대답해 줍니다. 예전에는 사람이 했던 일을 이제는 AI를 활용해 간단하고 정확하게 처리할 수 있게 됐어요.

챗봇 서비스를 제공하는 대한항공 홈페이지(koreanair.com)

노션에서도 AI 기능을 제공해요!

AI의 중요성이 점점 더 커지면서 노션에서도 2023년 2월 정식으로 노션 AI 기능을 출시했어요. 노션 AI 기능은 유료로 구매해야 하지만 무제한으로 사용할 수 있습니다.

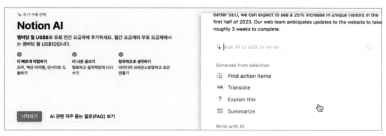

노션 AI 홈페이지의 요금제 페이지(notion.so/pricing)

요금제별 가격을 알아볼게요. AI 기능은 사용자가 몰리면 속도가 느려지거나 성능에 영향을 미칠 수 있어서 최적의 성능을 공정하게 제공하는 것을 목적으로 합니다.

구분	요금
개인 요금제	매달 멤버 1인당 USD 10
플러스 요금제	매달 멤버 1인당 USD 8
비즈니스 요금제	(월간 요금제를 사용하는 경우 매달 멤버 1인당 USD 10)
엔터프라이즈 요금제	노션 영업 팀에 별도 문의

▶ 표의 요금은 연간 요금제를 결제했을 때 청구되는 금액입니다.

노션 AI 기능을 일부 멤버에게만 적용할 수 있나요?

노션 AI는 워크스페이스 기준으로 구매할 수 있기 때문에 일부 팀원에게만 특정해서 AI 기능을 활성화할 수는 없습니다. AI 기능을 활성화하면 워크스페이스를 만든 나를 포함해 해당 워크스페이스 멤버 모두 사용할 수 있습니다. 이때 게스트는 제외합니다.

노션 AI 요금제를 결제하기 전에 먼저 무료로 체험해 보세요. 무료 AI 응답 개수는 워크스페이스에 있는 멤버의 수에 따라 달라집니다.

하면 된다! } 노션에서 AI 기능 바로 사용해 보기

노션에서 AI를 불러오려면 어떻게 해야 하는지 바로 사용해 볼게요.

1. 노션의 왼쪽 사이드 바에서 [+ 페이지 추가]를 클릭하면 새로운 페이지가 나타납니다. [AI로 글쓰기 시작]을 누르면 바로 AI 기능을 사용할 수 있어요.

2. [AI에게 작성 요청]이라는 새로운 입력 창이 나타납니다. 이 창을 앞으로 '명령 창'이라고 부를게요. 이 창에서 아이디어 브레인스토밍 주제라고 명령을 입력한 후 보라색 화살표 아이콘 ⬆을 누르면 AI에게 명령을 보낼 수 있습니다.
아래에는 예시가 목록으로 나타나요. [아이디어 브레인스토밍], [블로그 게시물 작성], [개요 작성] 등 AI로 할 수 있는 것이 정말 많답니다.

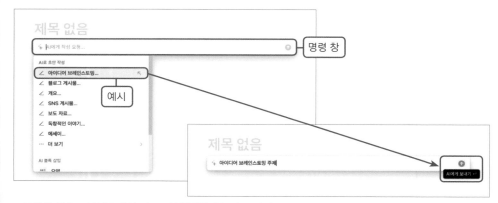

▶ 보라색 화살표 아이콘 대신 키보드의 [Enter]를 눌러도 됩니다.

노션 AI가 [아이디어 브레인 스토밍 주제]에 대해 답변한 결과

08-2

노션 AI에게 질문하는 방법

그럼 본격적으로 AI를 활용해 보겠습니다.

하면 된다!〉 블로그 게시글 초안 만들기

노션 AI를 활용해 블로그에 올릴 게시글을 작성해 볼게요. 요즘 퍼스널 브랜딩의 하나로 일상이나 생각을 개인 블로그에 작성하시는 분들이 많은데요. 어떤 주제를 써야 방문자 수가 올라갈지, 또는 주제는 정해져 있는데 내용을 어떻게 채워야 할지 고민하고 있다면 이제 노션 AI의 도움을 받아 보세요.

1. 앞에서 설명한 방법대로 먼저 새로운 페이지를 만들고 제목을 입력합니다. 제목을 입력해 두면 AI가 제목을 그대로 넣어 작성할 수 있도록 반영됩니다. 따라서 원하는 질문 또는 명령을 페이지 제목으로 미리 작성해 두는 것이 좋아요. 명령을 입력했다면 보라색 화살표 아이콘 🔼을 클릭하거나 (Enter)를 누르세요.

> ## 운동의 장점에 대한 블로그 게시글 초안
>
> ✦ 운동의 장점에 대한 블로그 게시글 초안에 대해 작성합니다.   ⬆

2. 게시글 초안을 손쉽게 완성했어요. 여기서 좀 더 내 스타일에 맞게 AI 답안을 발전시킬 수 있어요. [이어 쓰기]를 클릭해 보세요.

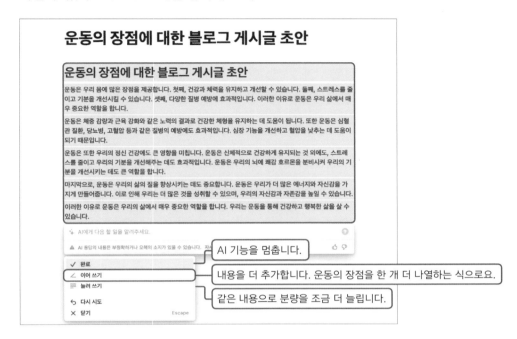

3. 한 단락이 자연스럽게 늘어났어요. 면역 체계를 강화시킨다는 장점이 추가된 것을 확인할 수 있습니다.

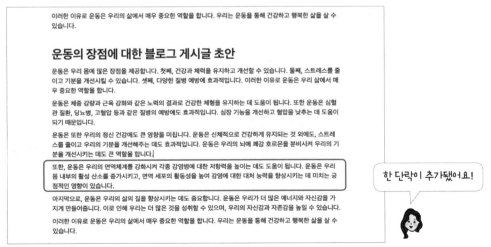

[이어 쓰기]를 클릭했을 때 나타난 결과 화면

4. [늘려 쓰기]를 선택하면 전체 글의 양이 늘어나면서 구성이 좀 더 다양해집니다.

운동의 장점에 대한 블로그 게시글

운동은 우리 몸에 많은 장점을 제공합니다. 첫째로, 건강과 체력을 유지하고 개선할 수 있습니다. 둘째로, 스트레스를 줄이고 기분을 개선시킬 수 있습니다. 셋째로, 다양한 질병 예방에 효과적입니다. 이러한 이유로 운동은 우리 삶에서 매우 중요한 역할을 합니다.

운동은 체중 감량과 근육 강화와 같은 노력의 결과로 건강한 체형을 유지하는 데 도움이 됩니다. 또한 운동은 심혈관 질환, 당뇨병, 고혈압 등과 같은 질병의 예방에도 효과적입니다. 심장 기능을 개선하고 혈압을 낮추는 데 도움이 되기 때문입니다.

운동이 우리에게 제공하는 장점은 끝이 없습니다. 운동은 우리의 정신 건강에도 큰 영향을 미칩니다. 운동은 신체적으로 건강하게 유지하는 것 외에도, 스트레스를 줄이고 우리의 기분을 개선해주는 데도 효과적입니다. 운동은 우리의 뇌에 쾌감 호르몬을 분비시켜 우리의 기분을 개선시키는 데도 큰 역할을 합니다.

더불어, 운동은 우리의 삶의 질을 향상시키는 데도 중요합니다. 운동은 우리가 더 많은 에너지와 자신감을 가지게 만들어줍니다. 이로 인해 우리는 더 많은 것을 성취할 수 있으며, 우리의 자신감과 자존감을 높일 수 있습니다.

하지만 운동을 시작하는 것은 쉽지 않을 수 있습니다. 따라서, 운동을 시작하려는 분들께 조언드리고 싶습니다. 먼저, 목표를 설정하고 계획을 세우세요. 운동은 일종의 투자입니다. 따라서, 목표와 계획이 없다면, 운동에 대한 불안감과 부정적인 생각으로 돌아갈 수 있습니다. 또한, 운동을 시작하기 전에 의사와 상담하시는 것이 좋습니다. 정기적인 건강 검진도 필요합니다. 운동을 시작하기 전에 몸 상태를 확인하고, 운동 계획을 세우는 것이 좋습니다.

이러한 이유로, 운동은 우리 삶에서 매우 중요한 역할을 합니다. 우리는 운동을 통해 건강하고 행복한 삶을 살 수 있습니다.

운동을 시작하는 사람에게 조언까지 해줘서 전체 글의 양이 늘어났어요.

[늘려 쓰기]를 클릭했을 때 나타난 결과 화면

하면 된다! ⟩ 유튜브 영상 아이디어 구상하기

유튜브에 노션 활용법 영상을 만들어 더 많은 분들에게 노션으로 삶을 정돈하는 방법을 알리고 싶어요. 하지만 유튜브는 처음이라 어떤 영상을 만들어야 조회 수를 높일 수 있을지 고민되네요. 이럴 때도 노션 AI를 활용할 수 있습니다. 같이 따라 해볼까요?

1. 페이지를 새로 만들고 제목을 설정합니다. 이번에는 [빈 페이지]를 눌러 기본 페이지를 만들어 볼 거예요. 페이지 아이콘과 커버도 추가합니다.

2. 페이지 안에서 AI를 불러올 수도 있어요. 페이지 안에 마우스 커서를 올려 놓은 후 Spacebar 를 누릅니다. 아까 보았던 명령 창이 바로 나타나요. 이번에는 여기서 바로 AI에게 명령해 볼게요.

내가 원하는 대답이 나올 수 있도록 명령하는 팁이 있나요?

AI에게 명령할 때는 구체적일수록 자세한 대답을 얻을 수 있어요. '다이어트 하는 방법을 알려 줘.'보다는 '현재 몸무게는 55kg이고 주 3회 집에서 운동할 수 있어. 한 달 안에 3kg를 감량하고 싶은데 초보자도 할 수 있는 운동 방법을 표로 만들어 줘.'가 더 명확하죠.

AI에게 상황을 알려 주는 것도 좋아요. '이 문장을 영어로 바꿔 줘.'보다는 '거 래처에 보내야 할 사과문 이메일이라 매우 정중하게 써야 해. 이 문장을 영어로 바꿔 줘.'라고 명령했을 때 목적에 훨씬 더 가까운 대답을 들을 수 있어요.

AI에게 아이디어를 요청할 때에는 몇 가지를 제안받고 싶은지 숫자를 제시하 는 것도 좋아요.

3. 노션 AI에게 다음 상황을 제시하고 조언을 구해 봅시다.

❶ 노션 초보자에게 사용법을 알려 주는 영상을 제작하려고 합니다. 노션을 일상에서 바로 사용해 볼 수 있도록 짧게 만들 것입니다.
❷ 특히 데이터베이스 기능 위주로 다양한 템플릿을 만들며 실습하려고 합니다.

먼저 **❶**을 충족시키기 위해 다음처럼 명령을 구체적으로 입력하고 보라색 화살표 아이콘 ⬆️을 클릭하세요.

4. AI가 영상 아이디어 5개를 제안해 주네요.

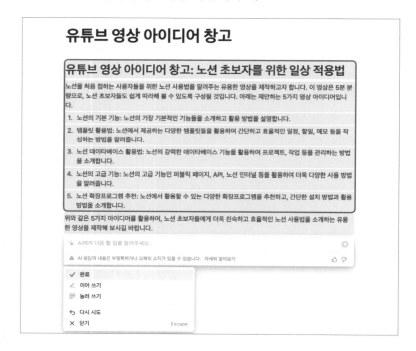

5. 저는 여기서 데이터베이스 기능을 활용해서 일상에서 사용할 수 있는 템플릿 아이디어를 더 얻고 싶어요. **❷**를 충족시킬 수 있는 명령을 추가로 해볼게요.
[AI에게 다음 할 일을 알려주세요.]의 명령 창을 클릭해서 다음처럼 명령을 입력한 후 보라색 화살표 아이콘 ⬆️ 또는 Enter 를 누르세요.

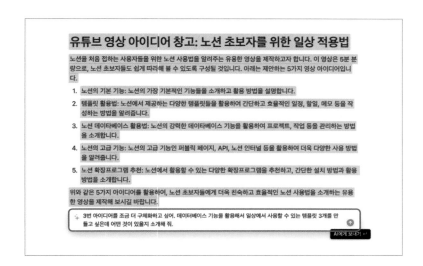

6. AI가 데이터베이스 템플릿 3가지를 추천해 줬어요. 이 내용대로 준비한다면 유튜브를 바로 시작할 수 있을 것 같아요!

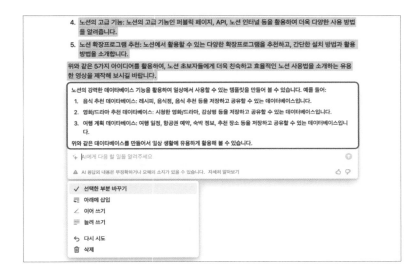

08-3

하루 습관을 만드는 루틴 정리하기

하루를 좀 더 의미 있게, 생산성까지 높일 수 있는 방법, 생각보다 간단해요. 바로 루틴을 만드는 것입니다. 어떤 항목을 넣을지 고민하지 않아도 노션 AI에게 나의 상황에 맞는 루틴을 추천받을 수 있답니다.

하면 된다! ⟩ 유명인의 루틴 따라잡기

노션 AI에게 유명인의 모닝 루틴과 나이트 루틴을 바탕으로 실현할 수 있는 나의 루틴을 짜달라고 요청해 볼게요.

1. 페이지를 새로 만들어 매일의 루틴이라는 제목을 붙이고 페이지 아이콘과 커버도 넣어 줍니다. [빈 페이지]를 클릭해 AI를 불러올 수 있는 공간을 만듭니다.

2. [Spacebar]를 눌러 명령 창을 불러옵니다. 다음 상황을 제시하고 AI에게 조언을 구하려고 해요.

> 아침 6시 반~7시 반, 저녁 10~11시에 각각 모닝 루틴, 나이트 루틴을 진행하려고 합니다. 모닝 루틴과 나이트 루틴으로 나누어 각각 유명인을 3명씩 소개받고, 이 중에서 나에게 적용할 수 있는 루틴을 정해 데이터베이스를 이용해 체크리스트를 만들고 싶습니다.

다음처럼 명령을 구체적으로 입력하고 보라색 화살표 아이콘 을 누르세요.

3. 노션 AI가 유명인 6명의 모닝 루틴, 나이트 루틴을 소개해 줬어요. 다음과 같은 공통점이 있네요.

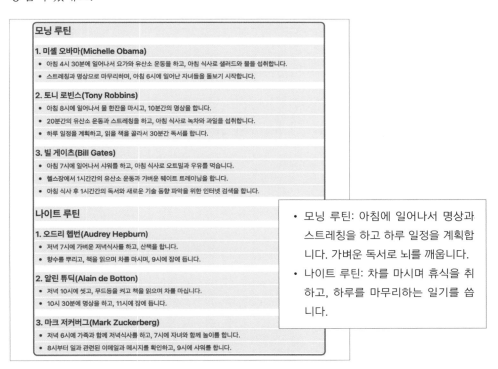

* 모닝 루틴: 아침에 일어나서 명상과 스트레칭을 하고 하루 일정을 계획합니다. 가벼운 독서로 뇌를 깨웁니다.
* 나이트 루틴: 차를 마시며 휴식을 취하고, 하루를 마무리하는 일기를 씁니다.

4. 루틴의 소요 시간을 각각 1시간으로 정하려고 합니다. 시간을 넣어서 구체적인 액션 플랜을 만들어 볼까요? 명령 창을 클릭해서 다음 명령을 입력하고 보라색 화살표 아이콘 🔼을 누릅니다.

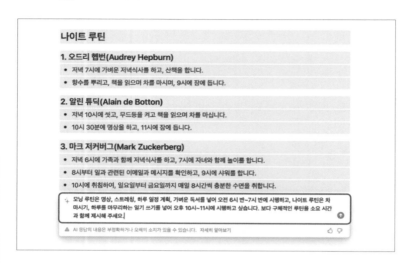

5. 각 루틴의 소요 시간과 함께 효과도 함께 제시해 줬어요. 그런데 AI가 나이트 루틴의 소요 시간을 30분으로 제시했네요. 1시간에 맞춰 30분 더 늘려 달라고 해볼게요. 다시 한번 다음 명령을 입력하고 보라색 화살표 아이콘 🔼을 누릅니다.

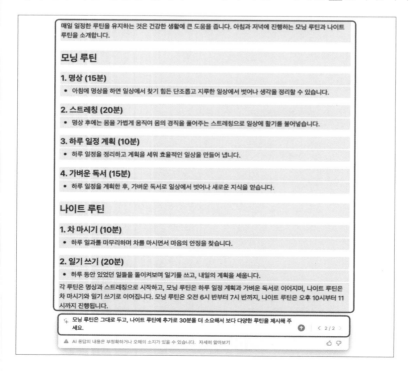

6. 30분짜리 요가와 명상 루틴을 추가해 나이트 루틴을 새롭게 제시해 줬어요. 이번에는 완성한 루틴을 표로 정리해서 요일별로 진행 여부를 체크할 수 있도록 해볼게요. 다음처럼 명령을 입력하세요.

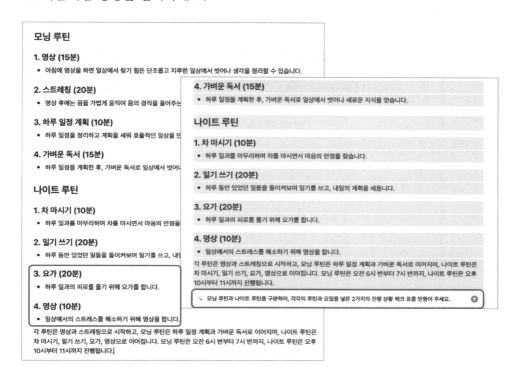

7. 루틴을 요일별로 체크할 수 있도록 표가 완성됐어요. [선택한 부분 바꾸기]를 클릭한 후 페이지를 보기 좋게 정리해 보세요. 여러분의 루틴도 지금 바로 만들어 보세요!

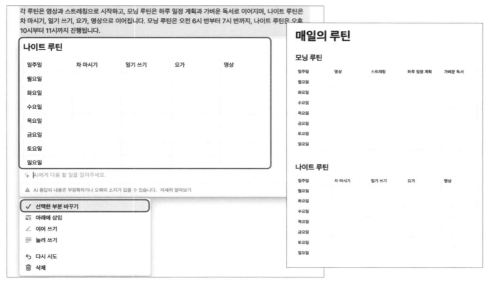

나만의 루틴 만들어 보기

앞에서 설명한 모닝 루틴, 나이트 루틴처럼 요일별 운동 루틴도 만들 수 있어요. 배운 내용을 참고해서 자유롭게 여러분만의 루틴을 만들어 봐요!

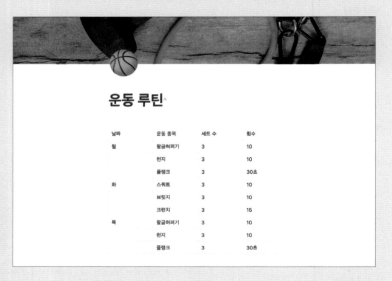

운동 루틴

날짜	운동 종목	세트 수	횟수
월	팔굽혀펴기	3	10
	런지	3	10
	플랭크	3	30초
화	스쿼트	3	10
	브릿지	3	10
	크런치	3	15
목	팔굽혀펴기	3	10
	런지	3	10
	플랭크	3	30초

08-4

업무 시간을 줄여주는 번역, 기획 기능

해외 바이어와의 소통을 위한 번역 서비스

업무를 하다 보면 해외 바이어 또는 거래처와 이메일을 주고받는 경우가 생깁니다. 이럴 때 노션 AI의 번역 기능을 활용하면 손쉽게 한글을 외국어로 바꿀 수 있습니다. 이제 영어를 완벽하게 구사할 줄 몰라도 소통을 원활하게 할 수 있어요.

하면 된다! 〉 클릭 한 번으로 영어 이메일 쉽게 작성하기

업무용 영어 이메일을 보내야 하는데 표현이 적절한지 걱정되나요? 노션 AI를 활용하면 한글 이메일을 영어로 바꾸고 어조도 상황에 맞게 변경할 수 있어요.

1. [+ 페이지 추가]를 클릭해 새 페이지를 추가하고, [빈 페이지]를 클릭해 이메일 본문을 작성할 빈 공간을 만듭니다.

2. 먼저 메일 내용을 한글로 작성합니다.

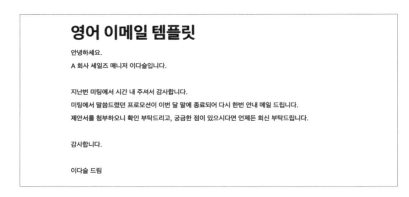

3. 본문 전체를 선택한 후 ⊞ 아이콘을 누르고 [AI에게 요청]을 클릭합니다.

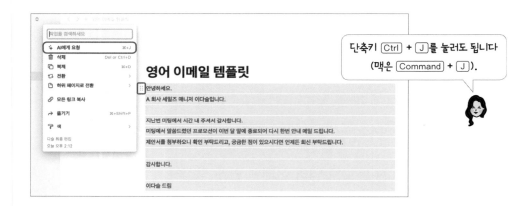

단축키 Ctrl + J 를 눌러도 됩니다 (맥은 Command + J).

4. [선택 부분에서 생성 - 번역]을 클릭하면 번역할 수 있는 다양한 언어가 나타납니다. 그중에서 [영어]를 선택합니다.

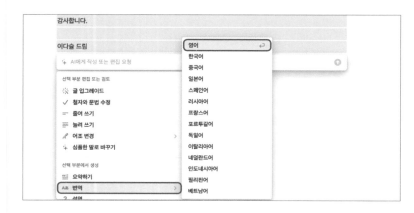

5. [선택한 부분 바꾸기]를 클릭해 바뀐 내용을 저장합니다.

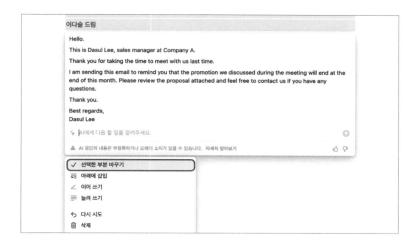

6. 거래처에 보내는 이메일인 만큼 좀 더 전문적인 어조로 바꾸는 것이 좋겠어요. 다시 한번 영어 본문 전체를 드래그해서 선택한 후 ⊞ 아이콘을 누르고 [AI에게 요청]을 선택합니다. [어조 변경 → 전문적]을 클릭합니다.

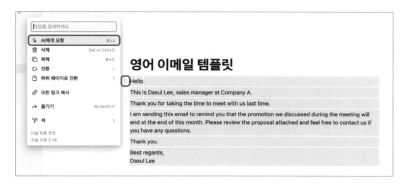

7. 사용한 단어가 더 전문적으로 바뀌었어요. [선택한 부분 바꾸기]를 클릭해 저장하고 이메일을 발송해 봐요.

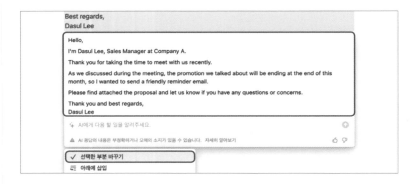

노션 AI로 유용한 아이디어를 얻는 방법

크게 중요하지 않은 업무에 많은 시간을 들이기 아까울 때가 있죠? 공을 많이 들이지 않고 아이디어를 도출해 내고 싶다면 노션 AI를 활용해 보세요. 질문만 구체적으로 해준다면 일반적으로 생각해 낼 수 있는 것부터 차마 떠올리지 못했던 것까지 1초 만에 쭉 나열해 줄 거예요.

하면 된다! ╏ 이벤트 아이디어 도움받기

회사 창립 기념일 행사를 기획하려고 합니다. 어떤 이벤트를 여는 게 좋을까요? 노션 AI에게 좋은 아이디어를 받아 보겠습니다.

1. 시작은 항상 같습니다. [+ 페이지 추가]를 클릭해 새 페이지를 추가합니다. AI에게 명령할 주제를 제목에 입력합니다. 창립 기념일 이벤트 아이디어라는 제목을 붙인 후 [AI로 작성]을 클릭합니다. 명령 창이 나타나면 다음처럼 좀 더 구체적으로 명령을 제시하세요.

2. 명령대로 AI가 5가지 아이디어를 제시해 줬습니다. 이 중 가장 현실성 있는 2번째 '게임 대회' 아이디어를 좀 더 구체화해 볼까요? 참가자 모두 함께 즐길 수 있는 게임 아이디어를 제안받아 볼게요. 다음처럼 명령해 보세요.

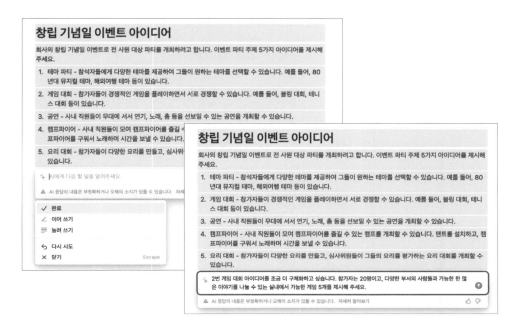

3. 이번에는 노션 AI가 5가지 게임 아이디어를 제시해 줬습니다. 창립 기념일인 만큼 우리 회사를 더 잘 알 수 있는 퀴즈가 좋겠네요. 어떤 퀴즈를 낼지 문제 아이디어도 AI의 힘을 빌려 봅시다. 다음처럼 명령을 입력해 보세요.

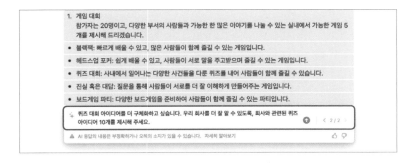

4. 짠! 회사와 관련된 퀴즈 10개가 나타났어요. [완료]를 클릭해 저장한 후 이벤트 기획에 활용해 보세요.

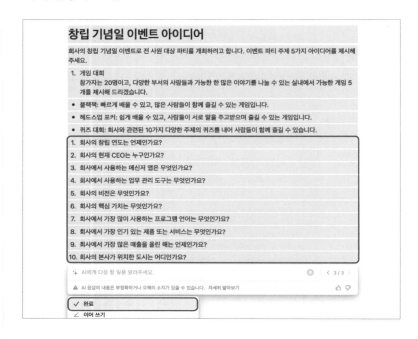

마치며

노션의 세계로 더 깊게 풍덩 빠져 봐요

노션을 처음 접했을 때 복잡하고 다양한 기능 때문에 어디서부터 손을 대야 할지 막막했을 거예요. 하지만 여러분 모두 저와 함께 차근차근 템플릿을 만들어 보면서 나에게 최적화된 페이지를 만들 수 있게 됐을 것이라 생각해요. 노션을 활용하면 삶을 보다 체계적으로 관리할 수 있어요. 여러분의 노션 이야기를 들려 주세요.

여러분의 노션 페이지를 자랑해 주세요

여러분의 노션 페이지는 어떻게 꾸며져 있을지 너무 궁금해요. 다음 설문 조사 링크에 접속해 여러분의 노션 페이지 URL을 공유해 주세요.

설문 조사 링크: bit.ly/easys_notion_gallery

보내 주신 URL은 유형별로 분류해 다음 웹 사이트에 차곡차곡 옮겨 둘게요.

웹 사이트: daseul.me/notionlife

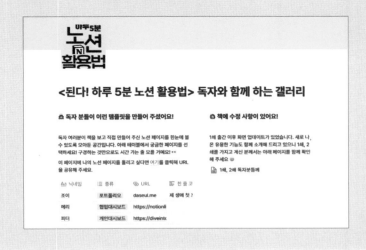

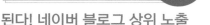